Margit
Edith
Marion
Gabi
Milena
Moni
Regina
Heidi
Helga
Monika
Irene
Eva-Maria

KATHARINA MAYER

Von Oma mit Liebe

Die 96 besten **Kuchentratsch**-Rezepte

DIE WELT BRAUCHT MEHR OMAKUCHEN

Liebe Kuchenfreunde, Backenthusiasten und Omakinder,

alles begann mit dem wunderbaren Marmorkuchen meiner Oma. Immer wenn mein Bruder und ich früher bei unserer Oma übernachtet haben, gab es diesen leckeren Kuchen. Von ihr schon in kindermundgroße Stückchen geschnitten. Und nicht nur zur festgesetzten Kaffeezeit durften wir ihre süßen Köstlichkeiten naschen, sondern sogar schon zum Frühstück. Frischer, mit Liebe gebackener Kuchen – so schmeckte Glück bei Oma.

Später dann hat es mich zum Studium nach Österreich und Argentinien verschlagen, weg aus meiner Heimat München. Dort habe ich mich mit dem Thema soziale Wirkung beschäftigt: Wie kann man eine positive gesellschaftliche Entwicklung fördern? Mich zog es hinaus in die Ferne, mein Ziel war es, in einer Stiftung oder einer Nichtregierungsorganisation (NGO) die Gesellschaft nachhaltig zu verbessern.

In der großen Welt habe ich viele Spezialitäten und Leckereien probieren dürfen. Doch vermisste ich oft den Kuchen meiner Oma. Bei meiner Suche nach richtig gutem, selbst gebackenem Kuchen fand ich kein Gebäck – aber stieß auf ein Thema, das mich bis heute nicht mehr loslässt. Mit dem Eintritt in die Rente fällt für ältere Menschen ein Lebensmittelpunkt weg: Sich täglich mit Gleichgesinnten austauschen, den eigenen Interessen nachgehen, eine Aufgabe haben – solche Selbstverständlichkeiten fehlen dann auf einmal. Mit dem Wunsch, diese gesellschaftliche Herausforderung anzugehen und gleichzeitig die Welt mit leckerem, selbst gebackenem Kuchen von Oma zu beglücken, gründete ich im Alter von 24 Jahren Kuchentratsch – eine Backstube, in der mittlerweile fast 50 Omas und Opas gemeinsam Kuchen backen. Und nicht nur das, hier können sich Seniorinnen und Senioren austauschen, neue Kontakte knüpfen und sich etwas zur Rente dazuverdienen.

Um die bewährten Rezepte weiterzugeben, die Kindheitserinnerungen und das Gefühl von Geborgenheit hervorzaubern, dafür haben wir – die Kuchentratsch-Omas und -Opas und das Team dahinter – dieses Buch geschrieben.

Und weil mit ihrem weltbesten Marmorkuchen alles begonnen hat, möchte ich dieses Buch meiner geliebten Oma Astrid widmen.

Ich wünsche euch viel Spaß beim Backen!

Eure Katharina

Omakuchen macht den Alltag besonders.

FUN FACTS
ÜBER KUCHENTRATSCH

#1 Katharina Mayer gründet die Firma mit 24 Jahren. Im Juni 2019 spricht sie bei der UN in New York über die Verbindung von Wirtschaftsmodellen mit einer gesellschaftlichen Herausforderung.

#2 Am Anfang waren es 4 Omas und Opas, heute sind es weit über 40.

#3 Eine Woche Kuchentratsch entspricht 450 Omakuchen, 110 kg Mehl, 54 kg Zucker, 1.350 Eier , 1.440 Tratschminuten und viel Lachen.

#4 **41 Jahre lang** sind Opa Peter und Oma Klara verheiratet. Die beiden liefern für Kuchentratsch die Torten und das Gebäck für die Hochzeitsbuffets aus.

#5 Älteste Mitarbeiter: Lieferopa Richard mit 88 und Backoma Irmgard mit 80 Jahren.

#6 2018 hat Kuchentratsch bei
Die Höhle der Löwen
einen Deal mit Dagmar Wöhrl und Carsten Maschmeyer bekommen. Das Geld wurde in eine Gastrospülmaschine und neue Kuchenkartons für den Versand investiert.

#7 Alle Backmützen sind von Oma Edith selbst genäht. Oma Heidi ist der größte Fan dieser Mützen. Beim Backen trägt sie sehr gerne eine dieser schönen und bequemen Mützen.

#8 Kuchentratsch beliefert mehr als 20 Cafés in München mit seinen Omakuchen. Die Kuchen werden von 4 Lieferopas und 1 Lieferoma innerhalb Münchens abgeliefert – und deutschlandweit sogar per Post versendet.

#9 Die weiteste Strecke, die ein Omakuchen zurückgelegt hat:
4.567,33 km bis nach Dubai.
Das war ein Karottenkuchen von Oma Irmgard.

#10 Ein gemütlicher Platz, leckerer Kuchen, Kaffee, ein Schuss Eierlikör und Gespräche, die sich einfach gut anfühlen – das ist der Kuchentratsch-Podcast. Seit 2019 kommt alle drei Wochen, immer freitags, eine neue Folge mit einer der Kuchentratsch-Omas oder einem der -Opas und deren Lebensrezepte zum Anhören heraus.

KLEINE LECKERBISSEN

Omas und Opas wissen es am besten, wie sie uns mit den kleinsten Teilchen eine große Freude machen können. Hier verraten sie ihre Lieblingsrezepte für die süßen Kleingebäcke, die bestimmt ganz schnell verputzt werden.

– VON OMA HELGA –

MEGA-SCHOKOTÖRTCHEN

Für 10 Törtchen • 40 Min. Zubereitung • 15 Min. Ruhen • 20 Min. Backen

125 g Zartbitterschokolade (ca. 50 % Kakaogehalt)
125 g Butter
3 Eier (M)
50 g Zucker

Zum Garnieren
200 g Sahne
200 g gemischte Beeren (z. B. Himbeeren, Heidelbeeren, Johannisbeeren)

Außerdem
10 Tortelettförmchen (à 9 cm Ø)
Mehl und Butter für die Förmchen

1 Die Schokolade hacken und mit der Butter in einer kleinen Schüssel über einem heißen Wasserbad zerlassen, etwas abkühlen lassen. Die Eier und den Zucker mit den Quirlen des Handrührgeräts schaumig rühren, bis sich der Zucker aufgelöst hat. Die flüssige Schoko-Butter-Mischung in die Eier-Zucker-Mischung rühren. Sie darf nicht zu heiß sein, sonst stocken die Eier.

2 Inzwischen die Tortelettförmchen mit Butter ausstreichen und mit etwas Mehl ausstreuen. Überschüssiges Mehl aus den Förmchen herausklopfen. Den Backofen auf 180° vorheizen. Die Schokomasse auf die Förmchen verteilen und etwa 10–15 Min. stehen lassen, damit die Luftbläschen verschwinden.

3 Die Mega-Schokotörtchen im Ofen (Mitte) 10–20 Min. leicht gebräunt backen (Stäbchenprobe machen). Anschließend herausnehmen, auf einem Kuchengitter vollständig abkühlen lassen und aus den Förmchen lösen.

4 Die Sahne mit den Quirlen des Handrührgeräts steif schlagen. Die Beeren verlesen und bei Bedarf behutsam waschen und trocken tupfen. Die Törtchen mit je einem Klecks Sahne und Beeren garnieren.

Gut zu wissen

Die fertig gerührte Schokoladenmasse sollte man vor dem Backen unbedingt kurz ruhen lassen, damit große Luftbläschen entweichen können. Nur dann wird die Krume der Mega-Schokotörtchen auch wirklich besonders feinporig und saftig.

– VON OMA ANNI –

BAUMKUCHENSPITZEN

Für 45 Stück • 2 Std. Zubereitung • 1 Std. Backen

Für den Sandkuchenteig

½ Vanilleschote
1 Bio-Orange
60 g Marzipanrohmasse
220 g weiche Butter
11 Eier (M)
100 g Speisestärke
2 EL Orangenlikör
Salz
100 g Mehl (Type 405)
160 g Zucker

Für den Läuterzucker und die Füllung

125 g Zucker
450 g Marzipanrohmasse
ca. 5 EL Orangenlikör

Für den Überzug

ca. 500 g Zartbitterschokolade (ca. 50 % Kakaogehalt; ersatzweise Kuvertüre)

Außerdem

1 Back- oder Tortenrahmen (30 × 30 cm)

1 Für den Läuterzucker den Zucker mit 125 ml Wasser aufkochen und etwa 3 Min. leise köcheln lassen, bis kein Schaum mehr aufsteigt und ein dicklicher Sirup entstanden ist. Beiseitestellen und auskühlen lassen.

2 Währenddessen für den Sandkuchenteig die Vanilleschote längst aufschneiden und das Mark herauskratzen. Die Orange heiß waschen, abtrocknen und ½ TL Schale abreiben. Das Marzipan klein schneiden und mit der Butter schaumig rühren. Nacheinander 2 Eier unterrühren, dann die Speisestärke untermischen. Orangenlikör, 1 Prise Salz, Vanillemark und Orangenschale hinzufügen und alles zu einer glatten Masse verrühren.

3 Das Mehl sieben. Die restlichen Eier trennen. 6 Eiweiße mit dem Zucker mit den Quirlen des Handrührgeräts zu einem cremigen Schnee schlagen (3 übrige Eiweiße anderweitig verwenden), dann alle Eigelbe unterrühren. Den Eischnee und das gesiebte Mehl unter die Marzipancreme ziehen. Für die Füllung die Marzipanrohmasse klein schneiden, mit dem Orangenlikör und dem Läuterzucker verrühren, bis sie etwa die Konsistenz von Konfitüre hat.

4 Den Ofen auf 210° vorheizen. Ein Backblech mit Backpapier auslegen, den Backrahmen daraufsetzen und in den Backofen schieben. 5–6 EL Teigmasse im Rahmen auf dem heißen Blech dünn verstreichen und im Ofen (Mitte) etwa 3 Min. backen, bis der Teig fest ist. Aus dem Ofen nehmen, dünn mit der Marzipanmasse bestreichen, auf die Marzipanschicht erneut dünn etwas Teig streichen und im Ofen 3 Min. backen. Diesen Vorgang wiederholen, bis Teig und Füllung aufgebraucht sind. Den Baumkuchen herausnehmen, vollständig abkühlen lassen, dann in etwa 3 x 5 cm große Trapeze schneiden.

5 Für den Überzug die Schokolade klein hacken, schmelzen und temperieren: Dazu zwei Drittel in einer Metallschüssel über einem heißen Wasserbad schmelzen lassen. Die Schüssel vom Wasserbad nehmen, die restliche Schokolade zugeben und unter Rühren ebenfalls schmelzen lassen. So erreicht die Schokolade die optimale Verarbeitungstemperatur und entwickelt dann beim Festwerden einen schönen Glanz. Die Baumkuchenspitzen in die Schokolade tauchen, kurz abtropfen lassen, auf ein Gitter setzen und trocknen lassen.

Tipp

Läuterzucker, der hier die Füllung saftig macht, bereite ich immer auf Vorrat zu. Einfach Zucker und Wasser zu gleichen Teilen in einem Topf erhitzen und etwa 3 Min. kochen. Abkühlen lassen und nach Rezept verwenden oder gekühlt aufbewahren.

– VON OMA ANNA –

ZITRONEN-MUFFINS MIT BUTTERMILCH

Für 12 Stück • 30 Min. Zubereitung • 20 Min. Backen

Für den Teig

220 g Mehl (Type 405)
1 TL Natron
1 TL Backpulver
3 Bio-Zitronen
5 Eier (M)
120 g Zucker
1 Msp. gemahlene Vanille
50 g Buttermilch
140 ml neutrales Pflanzenöl (z. B. Sonnenblumenöl)

Für den Guss

100 g Puderzucker

Außerdem

12 Papier-Muffinförmchen
1 Muffinblech

1 Den Backofen auf 180° vorheizen. Das Mehl mit dem Natron und dem Backpulver in einer Schüssel gut vermischen. Die Zitronen heiß waschen, abtrocknen, die Schale fein abreiben und den Saft auspressen. 2 EL Zitronensaft für die spätere Herstellung des Gusses beiseitestellen.

2 Die Eier trennen. Die Eiweiße mit den Quirlen des Handrührgeräts steif schlagen. Die Eigelbe mit dem Zucker, der Vanille und dem Zitronenabrieb ca. 3 Min. schaumig schlagen. Die Buttermilch, das Öl und den Zitronensaft dazugeben und kräftig unterrühren. Die Mehlmischung dazusieben und unterrühren. Den Eischnee behutsam unter die Teigmasse heben.

3 Die Papierförmchen in die Mulden des Muffinblechs setzen und den Teig in die Förmchen verteilen, sodass diese zu etwa zwei Dritteln gefüllt sind. Die Muffins im Ofen (Mitte) in 15–20 Min. goldbraun backen (Stäbchenprobe machen). Herausnehmen und die Muffins kurz abkühlen lassen, dann aus dem Blech lösen, auf ein Gitter setzen und vollständig auskühlen lassen.

4 Für den Guss den Puderzucker bei Bedarf sieben, in eine Schüssel geben und mit dem beiseitegestellten Zitronensaft glatt rühren, sodass es eine dickflüssige Glasur ohne Klümpchen ergibt. Die Zitronen-Muffins damit bestreichen und die Glasur vor dem Servieren gut trocknen lassen.

Dekotipp

Buttermilch und Öl machen die Zitronen-Muffins schön saftig. Ich veredle die Muffins gerne noch mit jeweils einer halben kandierten Zitronenscheibe. So sehen sie wirklich zum Anbeißen aus.

– VON OMA RENATE –

ORANGEN-AMERIKANER MIT CHAI-GLASUR

Für 15 Stück • 15 Min. Zubereitung • 20 Min. Backen

Für den Teig
1 Bio-Orange
100 g weiche Butter
100 g Zucker
1 Pck. Vanillezucker
Salz
2 Eier (M)
250 g Mehl (Type 550)
1 ½ TL Backpulver
1 Pck. Vanillepuddingpulver
etwa 2 EL Milch

Für die Glasur
1 Orange
1 EL Butter
1 Teebeutel Chai-Tee
125 g Puderzucker
50 g Pistazienkerne

Außerdem
evtl. Spritzbeutel mit mittlerer Lochtülle

1 Ein Backblech mit Backpapier belegen. Für den Teig die Orange heiß waschen, abtrocknen und die Schale fein abreiben. Die Butter mit den Quirlen des Handrührgeräts schaumig rühren, Zucker, Vanillezucker, 1 Prise Salz und die Eier einrühren. Mehl mit Backpulver und Vanillepuddingpulver mischen und in die Buttermasse einrühren. Die Orangenschale und so viel Milch dazugeben, dass der Teig geschmeidig wird. Den Backofen auf 190° vorheizen.

2 Mit zwei Teelöffeln oder mithillfe des Spritzbeutels kleine, etwa golfballgroße Häufchen auf das Backblech setzen. Dabei genügend Abstand lassen, da der Teig auseinanderläuft. Die Teilchen in 15–20 Min. im Ofen (Mitte) goldgelb backen (Stäbchenprobe machen). Das Blech herausnehmen, die Amerikaner kurz darauf abkühlen und dann auf einem Kuchengitter erkalten lassen.

3 Für die Glasur die Orange auspressen. Die Butter behutsam schmelzen, 4–5 EL Orangensaft hinzufügen, die Mischung leicht erhitzen (nicht kochen) und den Chai-Teebeutel darin etwa 10 Min. ziehen lassen.

4 Den Teebeutel entfernen. So viel Puderzucker in die Teemischung geben, bis eine streichfähige Masse entsteht. Die Pistazien hacken. Die ausgekühlten Amerikaner auf der flachen Seite mit der Glasur bestreichen und mit gehackten Pistazienkernen verzieren. Die Glasur vor dem Servieren trocknen lassen.

Tauschtipp
Chai-Tee verleiht der Glasur eine würzige Note, die besonders gut zum Orangenaroma passt. Wer Chai-Tee nicht mag, kann auch eine andere Teesorte verwenden, z. B. mit Zimt und Vanille aromatisierten Schwarz- oder Rooibostee. So kann man selbst die Geschmacksrichtung nach Belieben verändern.

– VON OMA HEIDI –

CRANBERRY-KOKOS-HEFEKNOTEN

Für 8 Stück • 50 Min. Zubereitung • 1 Std. 35 Min. Ruhen • 20 Min. Backen

250 g Dinkelmehl (Type 630)
25 g brauner Rohrzucker
½ Würfel Hefe (ca. 20 g)
100 ml Milch
1 Ei (M)
70 g kalte Butter
50 g Cranberrys
6 EL Kokosraspel
1 EL Milch zum Bestreichen

Außerdem
Dinkelmehl zum Arbeiten

1 Für den Vorteig Mehl in eine Schüssel sieben, den Zucker untermischen und eine Mulde in die Mischung drücken. Die Hefe in die Mulde bröseln, die Milch lauwarm erhitzen, dazugeben und mit einem Teil der Mehl-Zucker-Mischung verrühren. Die Schüssel mit einem Tuch abdecken und etwa 20 Min. an einem zugluftfreien, warmen Ort gehen lassen.

2 Danach das Ei und 50 g Butter in Flocken in den Vorteig geben und mit den Knethaken des Handrührgeräts oder in der Küchenmaschine kurz unterkneten. Die Cranberrys und 3 EL Kokosraspel dazugeben und so lange mit den Händen kneten, bis der Teig sich vom Schüsselboden löst, leicht glänzt und nicht mehr klebt. Die Teigkugel mit etwas Mehl bestäuben. Die Schüssel mit einem Küchentuch abdecken und den Teig an einem warmen Ort nochmals 1 Std. gehen lassen, bis sich sein Volumen deutlich vergrößert.

3 In einem Topf bei kleiner Hitze die restliche Butter zerlassen. Den Teig auf einer bemehlten Arbeitsfläche zu einem 20 × 25 cm großen Rechteck ausrollen. Den ausgerollten Teig mit der flüssigen Butter bepinseln und mit den übrigen Kokosraspeln bestreuen. Den Backofen auf 180° vorheizen.

4 Das Teigrechteck der Länge nach zusammenklappen (10 × 25 cm) und in acht jeweils etwa 3 cm breite Streifen schneiden. Die Streifen der Länge nach etwas auseinanderziehen, wie bei einer Kordel mehrmals verdrehen und zu kleinen Knoten schlingen, aber nicht festziehen. Die Knotenenden an den Unterseiten der Teiglinge leicht andrücken.

5 Die Hefeknoten mit etwas Abstand auf ein mit Backpapier ausgelegtes Backblech setzen. Noch einmal 10–15 Min. abgedeckt gehen lassen, dann mit Milch bestreichen. Die Hefeknoten im Ofen (Mitte) in 20 Min. goldbraun backen (Stäbchenprobe machen). Herausnehmen, kurz abkühlen lassen und lauwarm genießen. Oder auf einem Kuchengitter auskühlen lassen.

Meine Mutter sagte immer, ein lockerer Hefeteig braucht Zeit und Kraft.

1 Für den Vorteig mische ich Mehl, Zucker und Hefe, gieße die lauwarme Milch an, vermenge alles mit ein wenig Mehl vom Rand und lasse das Ganze zugedeckt 20 Min. ruhen.

2 Ich gebe Ei und Butter zum Vorteig und knete alles kräftig durch, bis sich der Teig vom Schüsselrand löst.

3 Erst dann knete ich die Cranberrys und Kokosraspel von Hand unter, damit die Beeren ganz bleiben. Anschließend darf der Hefeteig noch einmal zugedeckt gehen.

4 Der fertige gegangene Teig wird auf wenig Mehl ca. 20 x 25 cm groß ausgerollt, mit flüssiger Butter bestrichen und mit Kokosraspeln bestreut.

5 Anschließend klappe ich das Teigrechteck der Länge nach einmal zusammen und schneide es mit einem Küchenmesser in ca. 3 cm breite Streifen.

6 Die Streifen dehne ich leicht in die Länge und verdrehe sie mehrmals ineinander ähnlich wie eine Kordel.

7 Ich lege das Ganze zu einer Schlinge und ziehe ein Teigende durch, sodass ein Knoten entsteht. Die beiden Teigenden klappe ich nach unten ein.

8 Wenn ich alle Knoten geformt habe, lasse ich sie zugedeckt noch ein letztes Mal gehen. Dann bestreiche ich sie mit Milch, bevor sie in den Backofen kommen.

– VON OMA PAULA –

KIRCHWEIHNUDELN

Für etwa 20 Stück • 1 Std. Zubereitung • 1 Std. Ruhen

½ Bio-Zitrone
¼ l Milch
1 Würfel Hefe (42 g)
500 g Mehl (Type 405)
Salz
60 g Zucker
2 Eier (M)
60 g Butter
2 EL Rum
60 g Rosinen (nach Belieben)

Außerdem
Butter zum Formen
750 g Butterschmalz zum Ausbacken (ersatzweise Kokosfett)
Puderzucker zum Bestäuben

1 Die Zitrone heiß waschen, abtrocknen und die Schale fein abreiben. Die Milch lauwarm erhitzen. Die Hefe zerbröseln. Das Mehl, 1 TL Salz, die Hefe, den Zucker, die Eier, die Butter, den Rum, die Zitronenschale, die Milch und nach Belieben die Rosinen vermengen. Die Mischung mit den Knethaken des Handrührgeräts oder mit den Händen zu einem mittelfesten Hefeteig kneten. Dabei gut abschlagen, bis sich der Teig vom Schüsselrand löst. Den Teig mit einem Küchentuch zugedeckt 30 Min. an einem warmen Ort gehen lassen, bis er sein Volumen deutlich sichtbar vergrößert hat.

2 Vom Hefeteig 18–20 ca. 50 g schwere Teigstücke abstechen und zu Kugeln formen. Die Butter zum Formen zerlassen. Die Teigkugeln flach drücken, die Finger in die flüssige Butter tauchen und zügig nacheinander vier Teigecken spiralförmig aus dem Teigstück drehen und wieder zur Mitte zurücklegen. Die Kirchweihnudeln mit diesen geformten Zacken nach unten auf ein Brett legen und zugedeckt nochmals 30 Min. an einem warmen Ort gehen lassen, bis sich das Volumen der Nudeln knapp verdoppelt hat.

3 Das Butterschmalz in einem großen Topf erhitzen. Das Fett hat die richtige Ausbacktemperatur, wenn sich beim Eintauchen eines Holzkochlöffels kleine Bläschen daran bilden. Die Kirchweihnudeln mit den Zacken nach unten ins heiße Fett einlegen und zugedeckt in 4–5 Min. goldbraun backen. Dann wenden und in weiteren 4–5 Min. im offenen Topf goldbraun fertig backen. Mit einer Schaumkelle herausheben und kurz auf Küchenpapier abtropfen lassen. Am besten lauwarm mit Puderzucker bestäubt servieren.

Tipp
Man kann auch die Teigstücke mit der Schere von oben kreuzweise einschneiden, anstatt die Ecken mit den Fingern einzeln herauszudrehen.

– VON OMA PAULA –

QUARKBÄLLCHEN

Für 40 Stück • 40 Min. Zubereitung

2 Eier (M)
2 EL Zucker
375 g Magerquark
200 g Mehl (Type 405)
50 g Speisestärke
3 TL Backpulver
1 EL Butter

Außerdem
Butter zum Formen
Mehl zum Arbeiten
750 g Butterschmalz zum Ausbacken (ersatzweise Kokosfett)
Zucker zum Wälzen

1 Die Eier mit dem Zucker mit den Quirlen des Handrührgeräts schaumig rühren. Anschließend nach und nach den Quark unterrühren. Mehl, Speisestärke und Backpulver mischen und auf die Quarkmasse sieben. Die Butter zerlassen und dazugeben. Alles mit den Knethaken des Handrührgeräts zu einem nur noch leicht klebrigen Teig verkneten.

2 Aus der Teigmasse mit gefetteten Händen oder mithilfe eines kleinen Eiskugelformers ca. 40 kleine Bällchen formen und diese auf einer leicht bemehlten Fläche ablegen. Das Butterschmalz in einem großen Topf erhitzen. Das Fett hat die richtige Ausbacktemperatur, wenn sich beim Eintauchen eines Holzkochlöffels kleine Bläschen bilden.

3 Die Quarkbällchen portionsweise im heißen Fett schwimmend in etwa 6 Min. goldgelb ausbacken. Mit einem Schaumlöffel herausheben, kurz auf Küchenpapier abtropfen lassen und anschließend sofort in Zucker wälzen. Die Quarkbällchen lauwarm oder ausgekühlt servieren.

Gut zu wissen
Den Teig für die Quarkbällchen sollte man, wie Backpulverteig generell, nicht länger stehen lassen – er sollte sofort nach der Zubereitung gebacken werden. Das Backpulver verliert sonst an Triebkraft.

– VON OMA RENATE –

NUSSECKEN

Für 18 oder 36 Stück • 50 Min. Zubereitung • 30 Min. Kühlen • 35 Min. Backen

Für den Mürbeteig

125 g kalte Butter
250 g Mehl (Type 405)
60 g Zucker
Salz
1 Ei (M)

Für den Belag

100 g Marzipanrohmasse
2 EL Weinbrand (ersatzweise Milch oder Apfelsaft)
150 g Butter
100 g Crème fraîche
200 g Zucker
4 TL Vanillezucker
400 g gemahlene Haselnüsse

Außerdem

200 g Zartbitterkuvertüre (ca. 50 % Kakaogehalt)

1 Für den Mürbeteig die Butter in Stückchen schneiden und rasch mit dem Mehl, dem Zucker, 1 Prise Salz und dem Ei verkneten. Den Teig etwas flach drücken, in Frischhaltefolie wickeln und 30 Min. kalt stellen.

2 Für den Belag Marzipanrohmasse mit Weinbrand beträufeln und mit einer Gabel zerdrücken. Butter mit Crème fraîche, Zucker und Vanillezucker aufkochen lassen, Marzipan dazugeben und alles zu einer glatten Masse verrühren. Zuletzt die Haselnüsse einrühren. Den Backofen auf 160° vorheizen.

3 Ein Backblech mit Backpapier auslegen. Den Mürbeteig direkt darauf zu einem etwa 1 cm dicken Rechteck ausrollen. Die Nussmasse daraufgeben und gleichmäßig dick verstreichen. Im Ofen (Mitte) 35 Min. backen. Der Belag sollte nach dem Backen fest sein, allerdings darf er nicht zu dunkel bräunen (ggf. nach 20 Min. Backzeit mit einem Stück Backpapier abdecken).

4 Nach dem Backen die Nussmasse gut auskühlen lassen. Nun in 10 × 10 cm große Quadrate und diese in Dreiecke schneiden. Für die Mini-Nussecken die Dreiecke nochmals in der Mitte halbieren.

5 Die Kuvertüre hacken und in einer Schüssel über einem heißen Wasserbad schmelzen lassen. Die Spitzen der Nussecken hineintauchen. Auf Backpapier ablegen und die Glasur fest werden lassen.

– VON OMA HEIDI –

MACADAMIA-NUSSECKEN

Für 30 Stück • 45 Min. Zubereitung • 30 Min. Kühlen • 25 Min. Backen

Für den Teig

1 Vanilleschote
130 g Butter
120 g brauner Zucker
2 Eier (M)
150 g Buchweizenmehl
150 g Mehl (Type 405)
1 TL Backpulver

Für den Belag

160 g gesalzene Macadamianusskerne
60 g Haselnusskerne
200 g Cashewkerne
180 g Butter
100 g brauner Zucker
2 EL Honig
1 Pck. Vanillezucker
3 EL Aprikosenkonfitüre

Außerdem

Mehl zum Arbeiten

1 Vanilleschote aufschlitzen, das Mark herauskratzen. Butter, Zucker und Vanillemark mit den Quirlen des Handrührgeräts cremig rühren. Eier dazugeben und kurz unterrühren. Beide Mehlsorten mit dem Backpulver mischen, unter die Butter-Eier-Mischung rühren und alles mit den Händen zu einem glatten Teig kneten. In Frischhaltefolie wickeln und 30 Min. kühl stellen.

2 Für den Belag Nüsse und Kerne mit einem großen Messer oder in der Küchenmaschine mittelgrob hacken. Die Butter in einem kleinen Topf zerlassen, Zucker, Honig, Vanillezucker, Nüsse und Kerne dazugeben und erwärmen, bis eine klebrige Masse entsteht. In einem weiteren Topf die Aprikosenkonfitüre erwärmen. Den Backofen auf 170° vorheizen.

3 Den Teig mit leicht bemehlten Händen zu einer länglichen Rolle formen. Ein Backblech mit Backpapier auslegen und den Teig direkt darauf zu einem 35 × 20 cm großen, etwa ½ cm dicken Rechteck ausrollen. Mit der Aprikosenkonfitüre bestreichen und darauf die Nussmasse verteilen. Das Ganze im Ofen (Mitte) in 25 Min. goldbraun backen.

4 Das Blech herausnehmen und alles auskühlen lassen. Dann in 7 × 7 cm große Quadrate schneiden und diese noch einmal diagonal teilen.

Dekotipp

Wer mag, kann 200 g Zartbitterkuvertüre hacken, in einer Schüssel über einem heißen Wasserbad schmelzen lassen und je eine Ecke der Macadamia-Nussecken darin eintauchen. Oder die geschmolzene Kuvertüre in einen Gefrierbeutel füllen, eine winzige Ecke des Beutels abschneiden und die Kuvertüre in Streifen auf die Nussecken spritzen.

– VON OMA HEIDI –

ROSEN-FLORENTINER MIT CRANBERRYS

Für 20 Stück • 45 Min. Zubereitung • 14 Min. Backen (pro Blech)

100 g Zucker
50 g Butter
80 g Honig
50 ml Sahne
2 EL Rosenwasser (aus der Apotheke)
100 g getrocknete Cranberrys
10 g getrocknete Rosenblüten (aus dem Tee- oder Kräuterladen)
250 g Mandelblättchen
200 g dunkle Schokolade (ca. 70 % Kakaogehalt)

1 Zucker, Butter, Honig und Sahne in einen Topf geben und bei kleiner bis mittlerer Hitze unter Rühren langsam erwärmen, bis die Butter geschmolzen ist. Das Rosenwasser unterrühren und alles knapp 10 Min. leise köcheln lassen, bis die Mischung etwas eindickt.

2 Die Cranberrys fein hacken und die Rosenblätter grob zerkleinern. Zusammen mit den Mandelblättchen unter die Butter-Sahne-Mischung rühren und das Ganze nochmals 2–3 Min. köcheln lassen. Den Topf vom Herd nehmen. Ein bis zwei Backbleche mit Backpapier belegen und den Backofen auf 200° vorheizen.

3 Mit einem Teelöffel von der Forentinermasse kleine Häufchen abstechen und mit etwa 8 cm Abstand auf dem Blech bzw. den Blechen verteilen. Die Florentiner im Ofen (Mitte) 12–14 Min. pro Blech backen. Herausnehmen und auskühlen lassen.

4 Die Schokolade grob hacken und in einer Schüssel über einem heißen Wasserbad schmelzen. Jeweils die untere Seite der Florentiner in die Schokolade tauchen oder die Schokolade mit einem Backpinsel auftragen. Die Florentiner auf Backpapier ablegen und die Schokolade fest werden lassen.

Tipp
Sollten die Florentiner beim Backen zu sehr auseinanderlaufen, keine Panik! Die Masse einfach noch heiß mit einem kleinen Löffel wieder etwas zusammenschieben und dann erkalten lassen.

– VON OMA MILENA –

ORANGENPLÄTZCHEN

Für etwa 80 Stück • 45 Min. Zubereitung • mind. 1 Std. Kühlen • 15 Min. Backen (pro Blech)

1 Bio-Orange
50 g Butter
2 Eier (M)
200 g Zucker
4 EL neutrales Pflanzenöl (z. B. Raps- oder Sonnenblumenöl)
1 EL Vanilleextrakt (ersatzweise 1 TL gemahlene Vanille)
1 Pck. Backpulver
Salz
350 g Mehl (Type 405)
100 g Puderzucker

1 Die Orange heiß waschen, abtrocknen und die Schale fein abreiben. Die Frucht halbieren und den Saft auspressen. Die Butter zerlassen. Die Eier mit dem Zucker in einer Schüssel mit den Quirlen des Handrührgeräts so lange schaumig rühren, bis sich der Zucker komplett aufgelöst hat.

2 Butter, Öl, Vanille, Orangensaft und -schale, Backpulver und 1 Prise Salz zur Schaummasse geben und alles behutsam vermischen. Das Mehl auf die Masse sieben und alles zu einem glatten, fluffigen Teig verkneten. Den Teig mind. 1 Std. zugedeckt kühl stellen.

3 Zwei Backbleche mit Backpapier belegen. Den Backofen auf 180° vorheizen. Vom Teig mit einem kleinen Löffel ca. 10 g schwere Portionen abstechen. Mit der Hand daraus Kugeln formen, diese in Puderzucker wälzen und auf die Backbleche setzen. Die Orangenplätzchen im Ofen (Mitte) in 10–15 Min. pro Blech leicht gebräunt backen. Herausnehmen und abkühlen lassen.

Gut zu wissen

Meine Töchter haben mal gefragt, warum ich beim Backen Salz brauche. Ich gebe eigentlich zu allen süßen Speisen 1 Prise Salz hinzu, weil es die Süße in Gebäck verstärkt und den Geschmack vollmundiger macht.

– VON OMA ANNI –

SCHOKOBUSSERL

Für 20 Stück • 30 Min. Zubereitung • über Nacht + mind. 30 Min. Kühlen • 30 Min. Backen

Für den Teig

150 g Zartbitterkuvertüre (ca. 50 % Kakaogehalt)
150 g kalte Butter
200 g Puderzucker
240 g gemahlene Haselnüsse
25 g Mehl (Type 405)

Außerdem

Butter und Mehl für das Backblech
Mehl zum Arbeiten
125 g Aprikosenkonfitüre
150 g Vollmilchkuvertüre (ca. 35 % Kakaogehalt)
evtl. Öl für das Kuchengitter

1 Für den Teig die Zartbitterkuvertüre klein hacken, in eine Schüssel geben und über einem heißen Wasserbad schmelzen. Vom Wasserbad nehmen und in einem eiskalten Wasserbad unter Rühren etwas abkühlen lassen.

2 Die Butter in Stücke schneiden und im Wechsel mit Puderzucker, Haselnüssen und Mehl mit einem Kochlöffel unter die Kuvertüre rühren. Den Teig in eine flache Form drücken und zugedeckt über Nacht kalt stellen.

3 Am nächsten Tag ein Backblech ganz dünn mit Butter einfetten und mit Mehl bestäuben. Den Teig in drei Portionen teilen und auf einer bemehlen Arbeitsfläche zu Rollen von 1 cm Ø formen. Die Rollen in 1 cm dicke Scheiben schneiden und die Scheiben zwischen den bemehlten Händen zu etwa 40 gleich großen Kugeln drehen.

4 Die Kugeln mit genügend Abstand auf das Backblech setzen, denn sie laufen beim Backen zu Halbkugeln auseinander. Die Kugeln auf dem Blech mind. 30 Min. kalt stellen. Den Backofen auf 120° vorheizen.

5 Das Blech in den Ofen (Mitte) schieben und die Kugeln in 20–30 Min. nach Sicht nur leicht gebräunt backen. Die Schokobusserl rechtzeitig aus dem Ofen nehmen, sie dürfen auf keinen Fall zu dunkel werden, da sie sonst bitter schmecken. Sie sind fertig, wenn sie matt aussehen und aufplatzen. Herausnehmen und die Schokobusserl abkühlen lassen.

6 Die Aprikosenkonfitüre durchrühren, bei Bedarf durch ein Sieb streichen, sie soll keine Stücke enthalten. Je 2 Halbkugeln mit Aprikosenkonfitüre zusammenkleben. Die Vollmilchkuvertüre klein hacken und in einer Schüssel über einem heißen Wasserbad schmelzen lassen. Die zusammengesetzten Kugeln zum Überziehen in die flüssige Kuvertüre tauchen. Die Schokobusserl auf einem Stück Backpapier oder auf einem eingeölten Kuchengitter abtropfen lassen und die Kuvertüre fest werden lassen.

– VON OMA REGINA –

ANANASPLÄTZCHEN

Für 30 Stück • 40 Min. Zubereitung • 2 Std. Kühlen • 20 Min. Backen

150 g Magerquark
150 g Mehl (Type 405)
150 g Butter
1 Dose Ananas (350 g Abtropfgewicht)
150 g Puderzucker

Außerdem
Mehl zum Arbeiten

1 Quark, Mehl und Butter in einer Schüssel mischen und mit den Knethaken des Handrührgeräts zu einem glatten Teig verkneten. Den Teig 2 Std. oder am besten über Nacht zugedeckt kühl stellen und ruhen lassen.

2 Die Ananas abgießen, dabei 12 EL Saft auffangen und die Ananas in kleine Stücke schneiden. Den Teig auf einer bemehlten Arbeitsfläche dünn ausrollen. Aus dem Teig Kreise von 7 cm Ø ausstechen oder den Teig nach Belieben in Quadrate à 7 × 7 cm schneiden.

3 Den Backofen auf 180° vorheizen. Die Ananasstücke auf die untere Hälfte der Teigkreise oder -quadrate geben und die oberen Teighälften darüberklappen. Die Teigränder mit einer Gabel fest zusammendrücken.

4 Das Backblech mit Backpapier auslegen, die Ananasplätzchen daraufsetzen und im Ofen (Mitte) in etwa 20 Min. hellbraun backen. Herausnehmen und kurz abkühlen lassen. Den Puderzucker mit dem aufgefangenen Ananassaft glatt rühren. Die Plätzchen mit dem Guss bestreichen und trocknen lassen.

Tipp
Ob viele oder wenige Kaffeeklatsch-Gäste kommen, kein Problem: Der Teig für diese Plätzchen wird aus Quark, Mehl und Butter zu gleichen Teilen geknetet. Ich kann die Menge also sehr einfach anpassen.

kuchentratsch

»Man muss offen und ehrlich auf andere zugehen, so kommt man gut durchs Leben.«

Opa Richard, 88, ist der älteste Lieferopa bei Kuchentratsch. Er ist im Krieg groß geworden. Zu seiner Zeit war der Weg von Stuttgart nach Bayern fast eine halbe Weltreise. Hier erzählt er, wie seine Kindheit war und was aus seiner Sicht ein erfülltes Leben ist.

Wie war es damals, als du klein warst?
Ich komme aus einer ganz anderen Zeit, ich bin im Krieg groß geworden. Das kann man sich heute gar nicht mehr vorstellen. Wir waren acht Geschwister. Zum Glück hatten wir immer genug zu essen, weil wir eine kleine Landwirtschaft hatten. Ansonsten hatte man zu der Zeit nicht viel. Aber die Menschen waren irgendwie genügsamer als heute. Wir haben uns damit abgefunden, dass der Krieg da war.
Als kleiner Bub war es mein größter Wunsch, ein eigenes Fahrrad zu haben. Eines Tages habe ich tatsächlich eines bekommen, aber es hatte einen Platten. Es gab aber keine Ersatzteile, darum habe ich versucht, es mit einem alten Reifen zu reparieren, es war eine fürstliche Sauerei. Das Rad lief trotzdem nicht mehr rund und ich musste es immer wieder flicken. Aber ich war nicht traurig. Es war damals ganz normal, dass man alles reparierte und so lange wie möglich benutzte.

Hattest du deiner Meinung nach eine schöne Kindheit trotz des Krieges?
Ja, absolut! Eine einfache, aber wirklich schöne Kindheit. Meine Mutter war sehr lieb zu mir. Leider ist sie aber sehr früh verstorben. Da war ich erst 17 Jahre alt. Dank der einfachen Kindheit bin ich früh selbstständig geworden und dann auch früh ausgezogen.

Was war das größte Abenteuer in deiner Jugend? Was hat dich dazu bewegt?
Mein größtes Abenteuer war mein Umzug nach Bayern. »Wo geht der Bub hin?«, haben sie in meiner Heimat gefragt. »Der wandert ja aus!« Ja, so war das damals, aus der Nähe von Stuttgart an den Ammersee zu gehen. Das war wie ins Ausland zu gehen. Ich war damals bereits als Verwalter im Württembergischen tätig. Aber ich war jung, neugierig und wollte noch was Neues erleben. Deshalb bin ich nach Bayern gegangen und habe noch mal eine Ausbildung in einem Gestüt angefangen. Obwohl ich später von der Landwirtschaft in die Industrie wechselte, habe ich diese Entscheidung nie bereut.

Hast du in deinem Leben mal etwas bereut?
Beruflich war ich immer sehr erfüllt und hatte viel Erfolg. Privat gab es auch schwierige Zeiten. Meine Frau starb, als meine Tochter gerade zwei Jahre alt war. Sie kam dann erst mal zu meinen Schwiegereltern, anders ging es nicht. Dann holte ich sie wieder zu mir nach München. Die Wochenenden verbrachten wir zusammen, unter der Woche war sie in einem Kinderheim in Schwabing. Das tat mir unheimlich leid, denn im Nachhinein wusste ich, dass ein Kind das nicht erleben sollte. Meine Tochter kam wieder zu mir, als ich meine zweite Frau heiratete. Wir bekamen noch zwei Söhne und hatten ein schönes, gutes Leben zusammen. Leider verstarb meine Frau vor sechs Jahren, jetzt bin ich allein.

Was sind deine Geheimnisse für ein erfülltes Leben und was sind die wichtigsten Dinge, wenn du zurückdenkst?
Ich denke, man muss offen und ehrlich auf andere zugehen, so kommt man gut durchs Leben. Mal ein Späßle und nette Worte mit anderen austauschen, so übersteht man schwierige Zeiten. Für mich sind Familie, Gesundheit und beruflicher Erfolg die wichtigsten Dinge. Das Schönste ist, dass meine Kinder immer zu mir kommen können und auch umgekehrt.

– VON OMA RENATE –

HEIDELBEER-COOKIES

Für 15 Stück • 20 Min. Zubereitung • 20 Min. Backen

180 g Heidelbeeren
½ Bio-Zitrone
125 g weiche Butter
150 g Zucker
1 Pck. Vanillezucker
Salz
1 Ei (M)
200 g Mehl (Type 405)
1 TL Backpulver

1 Die Heidelbeeren waschen und mit einem Küchentuch trocken tupfen. Die Zitrone heiß waschen, abtrocknen und ½ TL Schale abreiben. Ein Backblech mit Backpapier auslegen, den Backofen auf 180° vorheizen. Die Butter mit Zucker, Vanillezucker, 1 Prise Salz, Zitronenschale und dem Ei mit den Quirlen des Handrührgeräts schaumig rühren.

2 Das Mehl und Backpulver mischen und rasch unter die Butter-Ei-Mischung ziehen. Die Heidelbeeren vorsichtig unterziehen, das geht am besten mit einem Esslöffel. Mit einem Esslöffel etwa golfballgroße Teighäufchen auf das Backblech setzen. Dabei unbedingt genügend Abstand dazwischen lassen, da die Cookies beim Backen noch etwas auseinanderlaufen.

3 Im Ofen (Mitte) 20. Min. backen, bis die Cookies einen leicht braunen Rand haben, in der Mitte aber noch etwas weich sind. Die Cookies aus dem Ofen nehmen, mit dem Backpapier vorsichtig auf ein Kuchengitter ziehen und anschließend vollständig auskühlen lassen.

Tipp

Diese Cookies backe ich oft als Mitbringsel für meine Enkelkinder, weil sie gerne Heidelbeeren essen. Ein Schuss Rum im Teig gibt den Cookies ein besonders Aroma – ist dann natürlich nur für erwachsene Enkel.

– VON OMA RENATE –

CANTUCCINI

Für etwa 40 Stück • 30 Min. Zubereitung • 18 Min. Backen

400 g Mandeln
½ Bio-Zitrone
250 g weiche Butter
200 g Zucker
2 Pck. Vanillezucker
Salz
5 Eier (M)
200 g Dinkelmehl (Type 630)
200 g Mehl (Type 550)
1 TL Backpulver
2 EL Sahne

Außerdem
Mehl zum Arbeiten

1 Die Mandeln 10 Min. in kochend heißes Wasser legen, dann in ein Sieb abgießen, die Mandeln abschrecken, kurz abtropfen lassen und die Mandelkerne aus der braunen Haut drücken. Oder die Kerne in ein Küchentuch legen und kräftig durchrubbeln, um die Haut zu entfernen.

2 Die Zitrone heiß waschen, abtrocknen und ½ TL Schale abreiben. Die Butter mit Zucker, Vanillezucker, Zitronenschale, 1 Prise Salz und 4 Eiern schaumig rühren. Beide Mehlsorten mit dem Backpulver mischen und unter die Butter-Eier-Mischung kneten. Den Teig auf eine bemehlte Arbeitsfläche geben und die Mandeln mit bemehlten Händen einarbeiten.

3 Den Backofen auf 180° vorheizen. Den Teig in acht gleich große Portionen teilen und daraus jeweils 2 cm dicke Rollen in der Länge des Backblechs formen. Das übrige Ei trennen. Das Eigelb mit der Sahne verrühren und die Rollen damit bestreichen (Eiweiß anderweitig verwenden). Die Teigrollen im Ofen (Mitte) in 8 Min. goldgelb backen.

4 Das Blech aus dem Ofen nehmen und die heißen Rollen sofort schräg in etwa 3 cm große Stücke schneiden. Auf dem Blech mit den Schnittflächen nach oben auslegen und die Cantuccini weitere 10 Min. backen.

Tipp
Schneller geht die Zubereitung mit den blanchierten Mandeln, die man schon fertig kaufen kann. Die Cantuccini in einer mit Backpapier ausgelegten Blechdose lagern, so halten sie sehr lange.

– VON OMA ANNA –

SPRITZGEBÄCK

Für 40 Stück • 40 Min. Zubereitung • 1 Std. Ruhen • 15 Min. Backen (pro Blech)

250 g weiche Butter
100 g Puderzucker
1 Pck. Vanillezucker
3 Eier (M)
1 Bio-Zitrone
300 g Mehl (Type 405)
200 g Zartbitterkuvertüre (ca. 50 % Kakaogehalt)

Außerdem
Spritzbeutel mit mittlerer Sterntülle

1 Die Butter mit dem Puderzucker und Vanillezucker in eine Rührschüssel geben und mit den Quirlen des Handrührgeräts schaumig schlagen, bis sich der Zucker aufgelöst hat. 2 Eier trennen. Die Eigelbe (Eiweiß anderweitig verwenden) und das ganze Ei nach und nach gründlich unter die Buttermasse rühren, sodass eine schöne Schaummasse entsteht.

2 Die Zitrone heiß waschen, abtrocknen und die Schale fein abreiben. Das Mehl sieben, mit der abgeriebenen Zitronenschale zur Schaummasse geben und alles zu einem glatten Teig verrühren. Den Teig zugedeckt 1 Std. ruhen lassen. Inzwischen den Backofen auf 180° vorheizen.

3 Zwei Backbleche mit Backpapier auslegen. Den Teig in einen Spritzbeutel mit mittlerer Sterntülle füllen und den Teig als Kringel, Stangen oder Wellen mit etwas Abstand aufs Blech spritzen. Im Ofen (Mitte) in 15 Min. pro Blech goldgelb backen. Herausnehmen und auskühlen lassen.

4 Die Zartbitterkuvertüre hacken und in einer Schüssel über einem heißen Wasserbad behutsam schmelzen. Das ausgekühlte Spritzgebäck mit einer Seite bis zu etwa einem Drittel in die flüssige Kuvertüre tauchen, kurz abtropfen lassen und anschließend auf Backpapier oder ein Kuchengitter ablegen. Die Kuvertüre vor dem Servieren fest werden lassen.

Variante
Statt mit der Kuvertüre kann man das Spritzgebäck auch mit erwärmter Marmelade bepinseln und zusammenkleben. So schmeckt das Gebäck schön fruchtig.

– VON OMA ANNA –

BRANDTEIGKRINGEL MIT VANILLEFÜLLUNG

Für 15 Stück • 50 Min. Zubereitung • 20 Min. Backen

Für den Brandteig

25 g Butter
Salz
75 g Mehl (Type 405)
15 g Speisestärke
3 Eier (M)
1 Msp. Backpulver

Für die Füllung

1 Pck. Vanillepuddingpulver
70 g Zucker
1 Pck. Vanillezucker
250 ml Milch
150 g weiche Butter
2 EL Rum

Für die Glasur

½ Zitrone
200 g Puderzucker

Außerdem

Spritzbeutel mit mittlerer Sterntülle

1 Für den Brandteig 125 ml Wasser und die Butter mit 1 Prise Salz in einen Topf geben und aufkochen. Vom Herd nehmen. Mehl und Speisestärke mischen, sieben, auf einmal in den Topf geben und mit einem Holzlöffel einrühren, bis eine glatte Masse entsteht. Den Topf mit der Masse wieder auf den Herd stellen und den Teig 1 Min. »abbrennen« lassen, bis sich der Teig vom Topf löst und sich eine weiße Schicht am Topfboden bildet. Den heißen Teig in eine Rührschüssel umfüllen und lauwarm auskühlen lassen. Inzwischen für die Füllung aus dem Puddingpulver mit Zucker, Vanillezucker und Milch nach Packungsanweisung einen Pudding kochen und auskühlen lassen.

2 Die Eier einzeln mit den Quirlen des Handrührgeräts unter den abgekühlten Brandteig rühren. Zum Schluss das Backpulver unterrühren. Ein Backblech mit Backpapier auslegen. Den Ofen auf 200° vorheizen. Den Brandteig in den Spritzbeutel füllen und 5 cm große Kringel mit etwas Abstand zueinander auf das Backblech spritzen. Die Kringel mit etwas Wasser besprenkeln und im Ofen (Mitte) 20 Min. backen. Die Backofentür dabei nicht öffnen, da das Gebäck sonst nicht aufgeht. Die fertigen Brandteigkringel aus dem Ofen nehmen und auskühlen lassen.Den Spritzbeutel und die Sterntülle reinigen.

3 Für die Füllung die Butter mit den Quirlen des Handrührgeräts cremig rühren und löffelweise den ausgekühlten Pudding unterschlagen. Den Rum unterrühren. Die Creme in den Spritzbeutel füllen. Die Brandteigkringel mit einem scharfen Messer waagerecht halbieren. Die Creme jeweils auf die Unterseiten aufspritzen, die Deckel daraufsetzen. Für die Glasur die Zitrone auspressen. Den Puderzucker mit dem Zitronensaft dickflüssig und glatt anrühren. Die Glasur auf die Kringel pinseln und trocknen lassen.

Tipp

Ausreichendes Vorheizen des Backofens ist bei den Brandteigkringeln, wie generell bei den »B«-Teigen (Biskuit-, Brand- und Blätterteig), ganz wichtig für ein optimales Ergebnis. Alle anderen Teige können ohne große Qualitätseinbußen auch in den kalten Ofen, wobei sich dann die jeweilige Backzeit verlängert.

– VON OPA GÜNTER –

MINI-WINDBEUTEL

Für etwa 20 Stück • 1 Std. 30 Min. Zubereitung • 20 Min. Backen

Für den Brandteig

40 g Butter
Salz
80 g Mehl (Type 405)
2 Eier (M)

Für Glasur und Füllung

100 g Puderzucker
1 EL Himbeersaft (ersatzweise anderer roter Saft oder 1 EL Zitronensaft)
200 g Sahne
1 Pck. Vanillezucker
2 EL Himbeerkonfitüre (ersatzweise andere rote Konfitüre)

Außerdem

Spritzbeutel mit glatter Lochtülle (1 cm Ø) und mittlerer Lochtülle

1 Für den Brandteig Butter würfeln und mit 1 Prise Salz und 125 ml Wasser in einem Topf aufkochen. Das Mehl sieben, auf einmal in den Topf geben und mit einem Holzlöffel einrühren, bis eine glatte Masse entsteht. Den Topf wieder auf die Herdplatte stellen und den Teig 1 Min. »abbrennen« lassen, bis sich der Teig vom Topf löst und sich eine weiße Schicht am Topfboden bildet. Den Brandteig in eine Schüssel geben und lauwarm abkühlen lassen. Die Eier einzeln mit den Quirlen des Handrührgeräts unter den abgekühlten Teig rühren, sodass ein glatter und glänzender Teig entsteht.

2 Den Backofen auf 180° vorheizen. Den Teig in den Spritzbeutel mit glatter Tülle füllen. Ein Backblech mit Backpapier belegen und walnussgroße Häufchen mit 3 cm Abstand daraufspritzen. Die Windbeutel im Ofen (Mitte) in 20 Min. goldbraun backen, dabei die Backofentür nicht öffnen! Die fertigen Windbeutel herausnehmen und auskühlen lassen. Den Spritzbeutel reinigen.

3 Für die Glasur den Puderzucker mit dem Himbeersaft und 1 TL Wasser glatt rühren, sodass ein dickflüssiger Guss entsteht. Die Mini-Windbeutel zu einem Drittel kopfüber in den Guss tunken, kurz abtropfen lassen und dann auf Backpapier zum Trocknen ablegen.

4 Die ausgekühlten Windbeutel mit einem Sägemesser waagerecht halbieren. Für die Füllung die Sahne mit den Quirlen des Handrührgeräts steif schlagen, dabei den Vanillezucker einrieseln lassen. Die Konfitüre kurz durchrühren, dann zur Sahne geben und nur grob unterrühren. Die Sahnecreme in den Spritzbeutel mit mittlerer Lochtülle füllen, kurz vor dem Servieren jeweils auf die unteren Hälften der Windbeutel spritzen und die Deckel aufsetzen.

Gut zu wissen

Creme- und Fruchtmassen sehen besonders schön aus, wenn man sie nur grob miteinander vermischt: So entstehen herrliche Farbmarmorierungen.

LIEBLINGSKUCHEN FÜR JEDEN TAG

Man soll sich den Alltag öfter versüßen, empfehlen die Kuchentratsch-Omas. Am besten mit saftigem Apfel-Walnuss-Kuchen, cremigem Rahmkuchen oder fluffigen Rohrnudeln und vielen anderen leckeren Kuchen aus diesem Kapitel.

– VON OMA RENATE –

ZITRONENKUCHEN

Für 1 Kastenform (25 cm Länge, 10 Stücke) • 25 Min. Zubereitung • 50 Min. Backen

2 Zitronen (davon 1 Bio-Zitrone)
250 g weiche Butter
200 g Zucker
4 Eier (M)
250 g Mehl (Type 405)
½ Pck. Backpulver
100 g Puderzucker
50 g kandierte Zitronenstücke (nach Belieben)

1 Die Kastenform mit Backpapier auslegen. Den Backofen auf 180° vorheizen. Die Bio-Zitrone heiß waschen, abtrocknen und die Schale fein abreiben. Alle Zitronen auspressen. Die Butter mit den Quirlen des Handrührgeräts sehr schaumig rühren, Zucker und anschließend nach und nach die Eier einzeln dazugeben. So lange rühren, bis sich der Zucker aufgelöst hat.

2 Das Mehl mit dem Backpulver mischen, auf die Schaummasse sieben und unterrühren. 1 EL Zitronensaft und die Zitronenschale einrühren. Den Teig in die vorbereitete Kastenform füllen und glatt streichen. Den Kuchen im Ofen (unten) in 50 Min. goldbraun backen (Stäbchenprobe machen).

3 Den fertigen Kuchen aus dem Backofen nehmen und vorsichtig aus der Form auf ein Kuchengitter stürzen. Das Backpapier abziehen und den Kuchen vollständig auskühlen lassen. Anschließend mit einem Holzstäbchen Löcher in den Kuchen stechen und 4 EL Zitronensaft hineingeben.

4 Den Puderzucker mit so viel des restlichen Zitronensafts anrühren, bis eine dickflüssige Glasur entsteht. Damit den Kuchen dick bestreichen und nach Belieben mit einigen kandierten Zitronenstückchen verzieren.

Tipp
Ob der Kuchen fertig gebacken ist, prüft man mit einem Holzspieß (Schaschlikspieß). Bleibt kein Teig mehr am Stäbchen hängen, ist der Kuchen fertig. Das ist die sogenannte Stäbchenprobe.

– VON OMA MONI –

ROTWEINKUCHEN

Für 1 Kastenform (30 cm Länge, 15 Stücke) • 30 Min. Zubereitung • 1 Std. Backen

Für den Teig
4 Eier (M)
250 g Butter
200 g Zucker
1 Pck. Vanillezucker
200 g Mehl (Type 405)
¾ Pck. Backpulver
150 g Schokostreusel
2 TL Zimtpulver
2 TL ungesüßtes Kakaopulver
125 ml Rotwein

Für die Glasur
100 g Puderzucker
2 EL Rotwein

1 Für den Teig die Eier trennen. Die Butter mit dem Zucker, Vanillezucker und den Eigelben in einer Schüssel mit den Quirlen des Handrührgeräts schaumig schlagen. Das Mehl mit dem Backpulver mischen, dazusieben, Schokostreusel, Zimt und Kakao ergänzen und alles locker unterheben. Den Rotwein dazugeben und einrühren. Den Backofen auf 200° vorheizen.

2 Die Eiweiße mit den Quirlen des Handrührgeräts zu steifem Eischnee schlagen und unterheben. Die Kastenform mit Backpapier auslegen und den Teig hineinfüllen. Im Ofen (Mitte) 1 Std. backen (Stäbchenprobe machen). Aus dem Ofen nehmen und den Kuchen abkühlen lassen.

3 Für die Glasur den Puderzucker mit dem Rotwein glatt rühren und auf den Rotweinkuchen streichen oder nach Belieben den Zuckerguss auf den Kuchen gießen und am Rand dekorativ herunterlaufen lassen. Die Rotweinglasur vor dem Anschneiden gut trocknen lassen.

Tipp
Der Rotweinkuchen ist ein saftiger Rührkuchen, der nach mehreren Tagen gut durchgezogen ist und dann am besten schmeckt. Man kann ihn daher auch prima schon einige Tage im Voraus zubereiten!

– VON OMA IRMGARD –

MARMORKUCHEN

Für 1 Gugelhupfform (24 cm Ø, 16 Stücke) • 30 Min. Zubereitung • 1 Std. Backen

Für den Teig
1 Bio-Zitrone
250 g weiche Butter
400 g Zucker
5 Eier (M)
1 Prise Salz
500 g Mehl (Type 405 oder 550)
1 Pck. Backpulver
200 ml Milch
20 g ungesüßtes Kakaopulver
2–3 EL Rum (ersatzweise Milch)

Außerdem
Butter und Semmelbrösel für die Form
Puderzucker zum Bestäuben

1 Für den Teig die Zitrone heiß waschen, abtrocknen und 1 TL Schale fein abreiben. Die Butter schaumig rühren und nach und nach 375 g Zucker einrieseln lassen. Dann nacheinander die Eier unterrühren, 1 Prise Salz und die Zitronenschale untermischen. Das Mehl mit dem Backpulver vermengen und sieben. Die Mehlmischung und die Milch abwechselnd unter die Buttermasse rühren. Der Teig sollte schwer reißend vom Löffel fallen.

2 Den Backofen auf 180° vorheizen. Die Gugelhupfform gut einfetten und mit Semmelbröseln ausstreuen. Das Kakaopulver sieben. Ein Drittel des Teiges mit dem Kakao, dem restlichen Zucker und so viel Rum mischen, dass es die gleiche Konsistenz wie die helle Masse hat.

3 Beide Teige abwechselnd in die Form einfüllen. Dann eine Gabel spiralförmig durch die Teige ziehen, damit ein schönes Marmormuster entsteht. Im Ofen (Mitte) 1 Std. backen (Stäbchenprobe machen). Marmorkuchen aus dem Ofen nehmen, kurz abkühlen lassen und auf ein Kuchengitter stürzen. Vollständig auskühlen lassen und mit Puderzucker bestäuben.

Tipp
Wer es noch schokoladiger mag, glasiert den Kuchen mit Schokoladenglasur. Den Marmorkuchen am besten in einem geschlossenen Behälter aufbewahren, damit er länger saftig bleibt.

- VON OMA ROSEMARIE -

WIENER SCHOKOLADEN-GUGELHUPF

Für 1 Gugelhupfform (22 cm Ø, 16 Stücke) • 40 Min. Zubereitung • 50 Min. Backen

Für den Teig

160 g Zartbitterschokolade (50–60 % Kakaogehalt)
6 Eier (M)
160 g Zucker
160 g Butter
160 g Mehl (Type 405)
½ TL Backpulver

Außerdem

Butter und Mehl für die Form
125 g Zartbitterschokolade (50–60 % Kakaogehalt)
3–4 EL Johannisbeergelee (ersatzweise Aprikosenkonfitüre)

1 Die Schokolade hacken und in einer Schüssel über einem heißen Wasserbad schmelzen, dabei gelegentlich umrühren. Den Backofen auf 175° vorheizen. Die Gugelhupfform dünn mit Butter ausstreichen und mit Mehl ausstreuen. Die Eier trennen. Die Eiweiße mit der Hälfte des Zuckers steif schlagen. Die Butter mit dem übrigen Zucker cremig rühren. Die Eigelbe nach und nach unter die Buttermasse rühren. Dann die Schokolade unterrühren.

2 Den Eischnee unter die Butter-Eigelb-Masse ziehen. Das Mehl mit dem Backpulver mischen und portionsweise vorsichtig unterheben. Den Teig in die Gugelhupfform füllen und im Ofen (Mitte) 50 Min. backen (Stäbchenprobe machen). Den Kuchen aus dem Ofen nehmen, 5–10 Min. stehen lassen. Dann vorsichtig auf ein Kuchengitter stürzen und vollständig auskühlen lassen.

3 Zum Bestreichen die Schokolade hacken und in einer Schüssel über einem heißen Wasserbad behutsam schmelzen. Konfitüre ggf. durch ein Sieb streichen. Den Kuchen zuerst mit dem Gelee bepinseln, dieses anziehen lassen, und danach mit der Schokolade glasieren.

Tipp

Gugelhupfformen muss man sehr sorgfältig fetten, am besten zusätzlich mehlen oder mit Semmelbröseln ausstreuen. Ansonsten bleibt der Kuchen an den nicht gut gefetteten Stellen hängen und bricht.

35

kuchentratsch

»Ich bin scho a sturer Deifl.«

Die Welt war früher nicht unbedingt besser, meint Oma Rosemarie. Sie freut sich, dass die Frauen heute mehr Rechte und Möglichkeiten haben als sie damals. Sie findet aber, dass die Menschen stärker zusammenhalten und sich öfter gegenseitig helfen sollten.

War die Welt früher besser als heute?
Das kann man nicht pauschal sagen. Aus meiner Sicht war früher der Zusammenhalt besser, besonders nach dem Krieg. Da kamen viele Flüchtlinge. Darüber wurde nicht groß geredet. Man hat sich einfach gegenseitig geholfen. Wir hatten damals nichts. Aber wir haben uns nicht arm gefühlt und selbst wenn wir nichts hatten, wäre es unmöglich gewesen, dass wir nicht helfen.

Und was in der heutigen Zeit gefällt dir besser?
Früher hatte der Mann das Sagen. Frauen haben natürlich damals schon selbstständig gedacht, aber wir haben hingenommen, dass wir unter dem Mann stehen. Die Frau war für Küche, Kirche, Kinder zuständig. Heutzutage sind die Männer bei der Geburt dabei und kümmern sich viel mehr um die Kinder. Das ist toll!

Wie war es, als du eine junge Frau warst? Und was hat sich im Laufe der Zeit geändert?
Ich habe bei allem den Mund gehalten, obwohl ich scho a sturer Deifl (»ein sturer Teufel« auf Bayerisch) bin. Sehr lange habe ich mir was einreden lassen und mich nicht getraut, meine Meinung zu sagen. Heute ist das nicht mehr so. Wer meint, er muss mich beherrschen, dem gehe ich aus dem Weg. Ich bin Gott sei Dank in dem Alter, in dem ich entscheiden kann, mit wem ich gut kann und mit wem ich nichts zu tun haben will.

Was hättest du anders gemacht, wenn du in einer liberaleren Zeit aufgewachsen wärst?
Die Jungen von heute sind viel mutiger als ich damals. Wenn ich so viel Mut gehabt hätte, wäre mein Leben anders verlaufen. Ich hätte meinen Mann wahrscheinlich nicht geheiratet. Aber dann hätte ich meine Kinder nicht bekommen. Das wäre natürlich sehr schade.

Bist du politisch engagiert?
Ich bin schon immer politisch interessiert und gehe fleißig wählen. Ich finde es sehr gut und wichtig, dass die Jugend wieder mehr politisch engagiert ist.

Heute wird viel über Klimawandel und Umweltschutz gesprochen. Was hältst du davon?
Früher haben wir uns da eigentlich keine Gedanken gemacht. Da gab es noch nicht so viel Plastik und Chemie. Jetzt ist mir das Thema sehr wichtig! Ich bemühe mich, nachhaltig zu leben. Ich schmeiße nichts weg und versuche, so wenig Plastik wie möglich zu verwenden.

Wie kann das Zusammenleben von Menschen mit unterschiedlichen Religionen und Kulturen deiner Meinung nach am besten funktionieren?
Mit einem respektvollen Umgang miteinander, in jeder Beziehung. Wenn jeder den anderen akzeptieren würde, dann kann man friedlich zusammenleben. Ich bin eine gläubige Christin und beschäftige mich mit Quantenphilosophie. Gegenüber jeder anderen Religion bin ich absolut tolerant. Jede Religion hat etwas, an das man sich halten kann. Eigentlich gibt es in jedem Glauben in der ein oder anderen Form die Zehn Gebote.

Kennst du viele Menschen, die aus anderen Kulturen kommen?
Die Verlobte meines Enkels kommt aus Syrien. Für mich war das Einzige, was mich interessiert hat, ob sie zusammenpassen und glücklich sind, und nicht, woher sie kommt. Sie leben schon über ein Jahr zusammen und werden bald heiraten. Ich freue mich sehr auf die Hochzeit und plane schon die Hochzeitstorten. Drei werde ich backen: Eine wird dreistöckig, die andere in Blütenform und die dritte natürlich in Herzform.

– VON OMA EDITH –

SCHNELLER EIERLIKÖR-GUGELHUPF

Für 1 Gugelhupfform (22 cm Ø, 16 Stücke) • 50 Min. Zubereitung • 1 Std. Backen

Für den Teig

250 g weiche Butter
250 g Zucker
6 Eier (M)
125 g Mehl (Type 405 oder 550)
1 Pck. Backpulver
100 g ungesüßtes Kakaopulver
1 gestr. TL Zimtpulver
250 g gemahlene Haselnüsse
125 ml Eierlikör

Außerdem

Butter und Semmelbrösel für die Form
125 g Zartbitterkuvertüre (ca. 50 % Kakaogehalt) zum Glasieren

1 Für den Teig die Butter mit dem Zucker cremig rühren. Die Masse soll dabei weiß werden, der Zucker sollte nicht mehr knirschen. Die Eier einzeln unterrühren. Den Backofen auf 150° vorheizen. Die Gugelhupfform mit Butter einfetten und mit Semmelbröseln ausstreuen.

2 Mehl, Backpulver, Kakao und Zimt sieben und mit den Haselnüssen mischen. Alles zusammen mit dem Eierlikör unter die Butter-Eier-Masse rühren. Den Teig in die Gugelhupfform füllen und im Ofen (unten) 1 Std. backen (Stäbchenprobe machen). Den fertig gebackenen Gugelhupf noch 15 Min. im ausgeschalteten Ofen abkühlen lassen. Erst dann herausnehmen, behutsam auf ein Kuchengitter stürzen und vollständig auskühlen lassen.

3 Die Kuvertüre hacken und in einer kleinen Schüssel über einem heißen Wasserbad schmelzen lassen. Dabei darf kein Tropfen Wasser in die Kuvertüre geraten, da sie sonst klumpig wird. Die flüssige Kuvertüre entweder gleichmäßig über den Gugelhupf gießen oder mit einem Pinsel rundherum auftragen.

Gut zu wissen

Bei Schaummassen muss die Butter immer Zimmertemperatur haben. Die Schaummasse ist fertig gerührt, wenn sich die Masse verdoppelt hat und fast weiß aussieht, der Zucker darf nicht mehr knirschen.

– VON OMA HELGA –

TORTA CAPRESE

Für 1 Springform (26 cm Ø, 12 Stücke) • 40 Min. Zubereitung • 1 Std. Backen

Für den Teig
6 Eier (M)
150 g weiche Butter
150 g Zucker
100 g Zartbitterschokolade (mind. 45 % Kakaogehalt)
150 g geschälte gemahlene Mandeln
1 Msp. Backpulver

Außerdem
Puderzucker zum Bestäuben

1 Für den Teig die Eier trennen und die Eiweiße steif schlagen. Die Eigelbe und die Butter mit den Quirlen des Handrührgeräts schaumig rühren. Den Zucker einrieseln lassen und so lange weiterrühren, bis er sich aufgelöst hat und nicht mehr knirscht. Die Schokolade fein reiben. Mandeln, Schokolade und Backpulver vermengen und unter die Schaummasse rühren. Zum Schluss den Eischnee locker unter den Teig heben.

2 Den Backofen auf 150° vorheizen. Den Springformboden mit Backpapier auslegen. Den Teig in die Form füllen und dabei an den Rand streichen, damit die Mitte des Kuchens beim Backen nicht höher wird. Im Ofen (Mitte) 1 Std. backen (Stäbchenprobe machen). Die Torta Caprese aus dem Ofen nehmen, gut auskühlen lassen und zum Servieren dick mit Puderzucker bestäuben.

Tipp
Es lohnt sich absolut, für diesen Kuchen eine wirklich gute, hochwertige Schokolade zu nehmen! Und die Schokolade dann unbedingt frisch reiben und keine fertigen Schokoraspel verwenden.

– VON OMA GABI –

HASELNUSS-BLECHKUCHEN MIT KAFFEEGUSS

Für 1 Backblech (20 Stücke) • 20 Min. Zubereitung • 20 Min. Backen

Für den Teig
2 Eier (M)
130 ml Milch (evtl. etwas mehr)
200 g Zucker
1 Pck. Vanillezucker
2–3 Tropfen Bittermandelaroma
250 g Mehl (Type 405)
250 g gemahlene Haselnüsse
4 gestr. TL Backpulver

Für den Guss
200 g Puderzucker
1 EL Butter
50 ml Espresso

Außerdem
Butter für das Backblech

1 Für den Teig die Eier mit der Milch in eine Schüssel geben und mit den Quirlen des Handrührgeräts schaumig schlagen. Den Zucker, Vanillezucker und das Bittermandelaroma hinzufügen und unterrühren. Mehl, Haselnüsse und Backpulver vermischen und ebenfalls unterrühren.

2 Den Backofen auf 180° vorheizen. Das Backblech mit Butter einfetten. Den Rührteig etwa 2–3 cm hoch auf dem Blech verstreichen und im Ofen (Mitte) in 20 Min. leicht gebräunt backen (Stäbchenprobe machen). Den Kuchen herausnehmen und etwas abkühlen lassen.

3 Für den Guss den Puderzucker sieben. Die Butter schmelzen. Den Puderzucker mit der flüssigen Butter und dem Espresso glatt rühren. Den Kaffeeguss auf dem noch warmen Kuchen verstreichen. Den Kuchen vor dem Servieren vollständig auskühlen lassen, sodass auch die Glasur fest ist.

Tipp
Dieser schnelle Kuchen schmeckt auch „nackt“ gut, das heißt ganz ohne Glasur. Wer mag, kann dazu auch eine Konfitüre oder Marmelade und Schlagsahne reichen.

– VON OMA MONA –

DREI-EISCHWER-KUCHEN

Für 1 Springform (24 cm Ø, 12 Stücke) • 30 Min. Zubereitung • 40 Min. Backen

Für den Teig

3 Eier (M)
160–190 g Butter
160–190 g Zucker
160–190 g Mehl (Type 405)
½–1 TL Backpulver

Für den Belag

350 g Obst je nach Jahreszeit oder Belieben, z. B. Schattenmorellen aus dem Glas, Äpfel oder Birnen
150 g Mandelblättchen

Außerdem

Butter für die Form

1 Für den Teig die Eier aufschlagen und ohne Schale abwiegen (1 Ei der Größe M wiegt zwischen 53 und 63 g). Die Butter-, Zucker- und Mehlmenge daran anpassen, das heißt, davon genau so viel abwiegen, dass die Menge jeweils dem Eiergewicht entspricht. Die Backpulvermenge ebenfalls anpassen.

2 Die Butter mit dem Zucker und den Eiern schaumig schlagen. Das Mehl mit dem Backpulver vermengen, sieben und unter die Butter-Eier-Masse rühren. Für den Belag die Kirschen in einem Sieb abtropfen lassen oder die Äpfel oder Birnen schälen, entkernen, vierteln und in Scheiben schneiden.

3 Die Springform mit Butter einfetten. Den Backofen auf 175° vorheizen. Den Teig in die Form füllen und mit dem vorbereiteten Obst belegen. Im Ofen (Mitte) 30 Min. backen (Stäbchenprobe machen). Den Kuchen kurz herausnehmen, mit den Mandeln bestreuen, erneut in den Ofen schieben (Mitte) und in 10 Min. fertig backen. Aus dem Backofen holen, vollständig auskühlen lassen, dann aus der Form lösen und servieren.

Gut zu wissen

Eischwerteig, auch als Gleichschwerteig bekannt, ist ein Rührteig, dessen Grundzutaten nach dem Gewicht der Eier bemessen werden. So lässt er sich sehr leicht an unterschiedliche Formgrößen anpassen bzw. nach Bedarf variieren. Er enthält im Gegensatz zu anderem Backpulverteig keine zusätzliche Flüssigkeit.

– VON OPA GÜNTER –

TORTA AL CIOCCOLATO

Für 1 Springform (26 cm Ø, 12 Stücke) • 40 Min. Zubereitung • 40 Min. Backen

300 g Zartbitterschokolade (ca. 45 % Kakaogehalt)
150 g Butter
5 Eier (M)
100 g Zucker
2 EL Mehl (Type 405)

Außerdem
Butter und Mehl für die Form

1 Die Zartbitterschokolade klein hacken und zusammen mit der Butter in einer Schüssel über einem heißen Wasserbad schmelzen lassen. Dann vom Herd nehmen und etwas abkühlen lassen. Den Backofen auf 160° vorheizen. Die Springform mit Butter einfetten und mit Mehl ausstreuen.

2 Die Eier trennen. Die Eiweiße in einer Schüssel zu steifem Eischnee schlagen. Die Eigelbe mit dem Zucker in einer zweiten Schüssel mit den Quirlen des Handrührgeräts schaumig schlagen. Das Mehl und die flüssige, abgekühlte Schokolade zur Eigelbmasse geben und unterrühren. Anschließend den Eischnee hinzugeben und vorsichtig unterheben.

3 Die Masse in die vorbereitete Springform geben und im Ofen (Mitte) 30 Min. backen. Eine Stäbchenprobe machen, es soll kein Teig mehr am Holzstäbchen hängen bleiben, ansonsten noch etwa 10 Min. weiterbacken. Wird die Oberfläche des Kuchens zu schnell dunkel, rechtzeitig mit einem Stück Alufolie abdecken. Kuchen herausnehmen und abkühlen lassen. Nach Belieben mit Schlagsahne und frischen Beeren servieren.

Gut zu wissen
Der Kuchen wird mit wenig Mehl gebacken, daher sieht er etwas flach aus. Lassen Sie sich nicht täuschen! Er ist sehr saftig und schokoladig!

– VON OMA ANNI –

APFEL-WALNUSS-KUCHEN MIT RUM-GUSS

Für 1 Springform (28 cm Ø, 12 Stücke) • 50 Min. Zubereitung • 1 Std. Backen

Für den Teig
250 g Walnusskerne
600 g aromatische Äpfel (z. B. Boskop)
200 g Butter
200 g Zucker
6 Eier (M)
Salz
1 EL Vanillezucker
1 EL Zimtpulver
375 g Mehl (Type 405)
2 EL Rum (ersatzweise Apfelsaft)

Für den Guss
250 g Puderzucker
3 EL Rum
1 TL Zimtpulver

Außerdem
Butter für die Form

1 Für den Teig die Walnusskerne grob hacken. Die Äpfel schälen, vierteln, die Kerngehäuse entfernen und die Äpfel mit dem Messer oder auf einem Gurkenhobel in dünne Scheiben schneiden. Den Backofen auf 180° vorheizen. Die Springform mit Butter sorgfältig einfetten.

2 Die Butter mit Zucker, Eiern und 1 Prise Salz mit den Quirlen des Handrührgeräts sehr schaumig rühren. Den Vanillezucker und den Zimt dazugeben. Abwechselnd Mehl und Rum unterrühren. Die gehackten Walnüsse und die Apfelscheiben unterziehen.

3 Den Teig in die vorbereitete Springform füllen, glatt streichen und im Ofen 1 Std. backen (Stäbchenprobe machen). Anschließend herausnehmen und den Kuchen in der Form vollständig auskühlen lassen.

4 Für den Guss den Puderzucker mit Rum und Zimt glatt rühren. Dann teelöffelweise nur so viel heißes Wasser dazugeben, dass der Guss sehr zähflüssig wird. Den Kuchen aus der Form lösen und dick mit dem Guss überziehen. Den Rum-Guss vor dem Anschneiden vollständig trocknen lassen.

Tipp
Den Kuchen erst glasieren, wenn er ausgekühlt ist. Das Wasser ist idealerweise heiß, damit sich der Zucker schneller löst, und wird nur teelöffelweise zugegeben, da sonst wieder Puderzucker zugegeben werden muss und der Geschmack dadurch »verwässert« wird.

– VON OPA GÜNTER –

UMGEDREHTER BIRNEN-KUCHEN MIT MARZIPAN

Für 1 Springform (28 cm Ø, 12 Stücke) • 40 Min. Zubereitung • 40 Min. Backen

1 Bio-Orange
25 g Marzipanrohmasse
115 g Joghurtbutter
100 g Rohrzucker
1 Msp. gemahlener Piment
4 Eier (M)
275 g Mehl (Type 405)
2 TL Backpulver
6 Birnen (à ca. 100 g)

Außerdem
Butter und Zucker für die Form

1 Die Orange heiß waschen, abtrocknen, die Schale abreiben und den Saft auspressen. Das Marzipan auf einer Küchenreibe raspeln oder in kleine Stücke hacken oder zupfen. Nach und nach mit Butter, Zucker und Piment sehr gut verrühren, bis eine cremige Masse entsteht. Erst dann die Eier nach und nach unter die Masse rühren und alles schaumig schlagen.

2 Das Mehl mit dem Backpulver mischen und über die Schaummasse sieben. Die Orangenschale und 5 EL Orangensaft hinzufügen und alles glatt rühren. Die Birnen waschen, trocken tupfen und schälen. Die Früchte mit dem Messer längs halbieren und das Kerngehäuse mit einem kleinen Löffel oder Kugelausstecher herausstechen. Den Backofen auf 180° vorheizen.

3 Die Springform mit Butter einfetten und mit Zucker ausstreuen. Die Birnen mit den Schnittflächen nach unten in der Form verteilen. Den Teig auf die Birnen geben und glatt streichen. Im Ofen (zweite Schiene von unten) 35–40 Min. backen (Stäbchenprobe machen). Den Kuchen aus dem Ofen nehmen, auskühlen lassen und erst dann auf eine Tortenplatte stürzen.

– VON OMA EVA-MARIA –

VERSUNKENER SCHOKO-BIRNEN-KUCHEN

Für 1 Springform (26 cm Ø, 12 Stücke) • 50 Min. Zubereitung • 45 Min. Backen

Für die gedünsteten Birnen
6–7 Birnen (noch hart)
¾ l trockener Weißwein
ca. 2 EL Zucker
1 Zimtstange

Für den Teig
200 g weiche Butter
125 g Zucker
1 Pck. Vanillezucker
Salz
4 Eier (M)
150 g Mehl (Type 405 oder 550)
250 g gemahlene Mandeln
2 TL ungesüßtes Kakaopulver
1–2 TL Zimtpulver
1 Msp. Natron
½ Pck. Backpulver
4–5 EL Milch

Außerdem
Fett für die Form
100 g Aprikosenkonfitüre

1 Die Birnen waschen, schälen, vierteln und entkernen. In einem Topf mit dem Weißwein, Zucker und der Zimtstange gut bissfest dünsten. Die Birnen abgießen und in einem Sieb gut abtropfen lassen.

2 Für den Rührteig Butter, Zucker, Vanillezucker und 1 Prise Salz mit den Quirlen des Handrührgeräts cremig rühren. Die Eier trennen. Die Eigelbe in die Buttermasse rühren und alles schaumig schlagen. Anschließend nach und nach das flüssige Eiweiß dazugeben und vorsichtig unterrühren.

3 Mehl, Mandeln, Kakao, Zimtpulver, Natron und Backpulver mischen. Über die Butter-Eier-Masse sieben und alles gut verrühren. Zuletzt die Milch unterrühren. Den Backofen auf 175° vorheizen.

4 Die Springform einfetten, die fertige Teigmasse hineingeben und glatt streichen. Die Birnen auf dem Teig verteilen und den Birnenkuchen im Ofen (Mitte) 40–45 Min. backen (Stäbchenprobe machen). Aus dem Ofen nehmen und auf einem Kuchengitter kurz abkühlen lassen.

5 Die Aprikosenkonfitüre in einem kleinen Topf leicht erwärmen und glatt rühren. Mit einem Backpinsel auf die noch warmen Birnenhälften streichen.

Tipp
Wenn man das Eiweiß separat unter die Schaummasse rührt, wird die Masse lockerer und der Teig geschmeidiger. Und wenn man keine Birnen zu Hause hat, gelingt dieser Kuchen auch wunderbar mit Äpfeln. Die Garzeit bleibt gleich. Dazu passt sehr gut Schlagsahne.

– VON OMA MONI –

ANANAS-MARZIPAN-KUCHEN

Für 1 Kastenform (25 cm Länge, 10 Stücke) • 35 Min. Zubereitung • 1 Std. Backen

Für den Teig

200 g Marzipanrohmasse
175 g weiche Butter
175 g Zucker
1 Pck. Vanillezucker
3 Eier (M)
3 Scheiben Ananas (aus der Dose)
300 g Mehl (Type 405)
2 gestr. TL Backpulver

Für Guss und Topping

100 g Zartbitterkuvertüre (ca. 50 % Kakaogehalt)
1 EL Kokosfett (ersatzweise Butter)
Ananasstückchen zum Garnieren

1 Für den Teig die Marzipanrohmasse und Butter zu einer geschmeidigen Masse verrühren. Nach und nach den Zucker, Vanillezucker und die Eier dazugeben und jeweils gut untermischen. Die Ananasscheiben in einem Sieb abtropfen lassen und in kleine Stücke schneiden. Backofen auf 180° vorheizen.

2 Das Mehl mit dem Backpulver vermischen und unter den Teig rühren. Anschließend die gewürfelte Ananas dazugeben und gut unterheben. Die Kastenform mit Backpapier auslegen und den Teig hineinfüllen. Im Ofen (Mitte) 1 Std. backen, kurz vor Ende der Backzeit eine Stäbchenprobe machen, es soll kein Teig mehr hängen bleiben. Den Ananas-Marzipan-Kuchen aus dem Ofen nehmen und gut auskühlen lassen. Dann aus der Form stürzen.

3 Für den Guss die Kuvertüre klein brechen oder hacken und mit etwas Kokosfett in einem Topf über einem heißen Wasserbad schmelzen lassen. Den Ananas-Marzipan-Kuchen mit der Schokoladenmischung überziehen und mit Ananasstückchen garnieren. Vor dem Servieren die Glasur fest werden lassen.

Tipp

Lecker schmeckt der fruchtige Kuchen auch mit einer einfachen Glasur aus Puderzucker und Ananassaft.

– VON OMA EDITH –

FEINER KIRSCHKUCHEN

Für 1 Springform (26 cm Ø, 12 Stücke) • 30 Min. Zubereitung • 1 Std. Backen

1 großes Glas Kirschen (Schattenmorellen; 680 g Abtropfgewicht)
100 g Zartbitterschokolade (ca. 50 % Kakaogehalt)
6 Eier (M)
200 g weiche Butter
200 g Puderzucker
Salz
200 g gemahlene Mandeln
6 EL Semmelbrösel

Außerdem
Fett und Semmelbrösel für die Form
Puderzucker zum Bestäuben

1 Die Kirschen in ein Sieb abgießen und sehr gut abtropfen lassen. Die Schokolade fein hacken oder reiben. Die Eier trennen. Die Butter mit dem Puderzucker, 1 Prise Salz und den Eigelben mit den Quirlen des Handrührgeräts schaumig rühren. Den Backofen auf 180° vorheizen.

2 Die zerkleinerte Schokolade mit den Mandeln und den Semmelbröseln mischen und unter die Schaummasse ziehen. Die Eiweiße steif schlagen und den Eischnee vorsichtig unter die Masse heben.

3 Die Springform einfetten und mit Semmelbröseln ausstreuen. Die Hälfte des Teiges einfüllen, die abgetropften Kirschen möglichst gleichmäßig darauf verteilen, den restlichen Teig daraufgeben und glatt streichen. Im Ofen (Mitte) 1 Std. backen (Stäbchenprobe machen). Den Kirschkuchen aus dem Ofen nehmen, leicht abkühlen lassen, dann aus der Form lösen und vollständig auskühlen lassen. Zum Servieren mit Puderzucker bestäuben.

Tipp
Den Puderzucker zum Bestäuben kann man mit etwas Kakao- und Zimtpulver mischen. So bekommt der Kuchen einen herbstlich-adventlichen Anklang und passt besonders gut zu den kalten Jahreszeiten.

– VON OMA ANNI –

ZIMTSCHNECKENKUCHEN

Für 1 Springform (26 cm Ø, 12 Stücke) • 30 Min. Zubereitung • 1 Std. 30 Min. Ruhen • 35 Min. Backen

Für den Teig
250 ml Milch
1 Würfel Hefe (42 g)
80 g Zucker
½ Bio-Zitrone
500 g Mehl (Type 405)
1 Ei (M)
80 g weiche Butter

Für die Füllung
40 g Butter
50 g Zucker
1 TL Zimtpulver

Für den Guss
150 g Puderzucker

Außerdem
Butter für die Form
Mehl zum Arbeiten

1 Für den Teig die Milch leicht erwärmen und in eine Schüssel geben. Die Hefe hineinbröckeln und mit 1 TL Zucker verrühren. Die Mischung zugedeckt etwa 10 Min. an einem warmen Ort gehen lassen.

2 Die Zitrone heiß waschen, abtrocknen, die Schale abreiben und den Saft auspressen. Den Saft für den Guss beiseitestellen. Das Mehl über die Hefemischung sieben. Übrigen Zucker und das Ei an den Rand der Masse geben. Die Butter und die Zitronenschale oben auf den Teig geben. Alles kräftig mit den Knethaken des Handrührgeräts oder den Händen durchkneten, bis sich der Teig von der Schüssel löst und Luftblasen wirft. Den Hefeteig mit einem sauberen Tuch abdecken und an einem warmen Ort 1 Std. gehen lassen, bis er sein Volumen in etwa verdoppelt hat.

3 Den Teig auf einer bemehlten Arbeitsfläche zu einem Rechteck von 40 × 50 cm ausrollen. Für die Füllung die Butter schmelzen. Die Teigplatte damit bestreichen. Den Zucker mit dem Zimt mischen, je nach Geschmack mehr oder weniger, und gleichmäßig auf den ausgerollten Teig streuen.

4 Das Rechteck von der Längsseite her aufrollen und in 5 cm breite Stücke schneiden. Die Springform mit Butter ausstreichen. Die einzelnen Teigschnecken in der Form anordnen, mit einem Küchentuch abdecken und weitere 20 Min. gehen lassen. Den Backofen auf 180° vorheizen. Den Kuchen im Ofen (Mitte) 30–35 Min. backen (Stäbchenprobe machen).

5 Inzwischen den Puderzucker und den beiseitegestellten Zitronensaft zu einem glatten guss verrühren. Den Zimtschneckenkuchen aus dem Ofen nehmen und noch warm mit einem Pinsel mit der Zitronenglasur überziehen.

Tipp
Man kann auch einzelne Zimtschnecken aus diesem Rezept backen. Dazu die einzelnen Teigschnecken in die Mulden eines gefetteten Muffinblechs setzen, mit Hagelzucker bestreuen und etwa 15 Min. backen.

– VON OMA INGE –

ROHRNUDELN MIT ZWETSCHGENFÜLLUNG

Für 8 Stück • 40 Min. Zubereitung • 2 Std. 30 Min. Ruhen • 30 Min. Backen

Für den Teig
125 ml Milch
1 Ei (M)
2 EL Puderzucker
60 ml Rapsöl
½ Pck. Vanillezucker
Salz
100 g Schmand
½ Würfel Hefe (21 g)
650–700 g Mehl (Type 405)

Außerdem
Mehl zum Arbeiten
225 g Pflaumenmus (nach Belieben andere Marmelade)
1 Auflaufform (25 x 35 cm)
Butter für die Form
Puderzucker zum Bestäuben

1 Für den Teig die Milch leicht erwärmen. Das Ei trennen. Das Eigelb beiseitestellen. Milch mit 100 ml lauwarmem Wasser, Puderzucker, Eiweiß, Öl, Vanillezucker, 1 Prise Salz und Schmand in eine Schüssel geben und alles miteinander verrühren. Die Hefe in 3 EL lauwarmem Wasser auflösen, dazugeben und gut unterrühren.

2 Nach und nach das Mehl dazusieben und alles mit den Knethaken des Handrührgeräts oder den Händen zu einem geschmeidigen Teig verkneten. Den Teig mit einem sauberen Küchentuch abdecken und 1–2 Std. an einem warmen Ort gehen lassen, bis sich sein Volumen verdoppelt hat.

3 Anschließend vom Teig jeweils ca. 100 g große Portionen abstechen und auf einer bemehlten Fläche flach drücken. Auf jede Portion 1 großen TL Pflaumenmus geben und die Teigportion zu einer Kugel formen.

4 Die Auflaufform mit Butter ausstreichen. Die Teigkugeln nebeneinander in die gefettete Form setzen und zugedeckt etwa 30 Min. gehen lassen. Den Backofen rechtzeitig auf 180° vorheizen.

5 Das Eigelb kurz mit einer Gabel verquirlen und die Rohrnudeln damit bepinseln. Rohrnudeln im Ofen 25–30 Min. (Mitte) backen, bis sie Farbe angenommen haben (Stäbchenprobe machen). Die Rohrnudeln aus dem Ofen nehmen und noch lauwarm mit Puderzucker bestäuben.

Tipp
Öl und Schmand im Teig machen die Rohrnudeln schön saftig. Man kann das Eigelb zum Bestreichen auch mit ein wenig Milch verrühren, dann lässt es sich leichter und dünner mit dem Pinsel auftragen.

– VON OPA GÜNTER –

FLORENTINER KIRSCHKUCHEN

Für 1 Springform (26 cm Ø, 12 Stücke) • 1 Std. Zubereitung • 25 Min. Ruhen • 35 Min. Backen

Für den Teig
140 ml Milch
½ Würfel Hefe (ca. 20 g)
50 g Zucker
250 g Mehl (Type 550)
Salz
20 g weiche Butter

Für den Florentiner-Deckel
110 g Butter
60 g Zucker
50 g Honig
40 g Sahne
120 g Mandelblättchen

Für die Vanillecreme
1 Vanilleschote
250 ml Milch
25 g Zucker
30 g Speisestärke
1 Eigelb (M)
100 g Semmelbrösel

Außerdem
1 kg Süßkirschen
Mehl zum Arbeiten

1 Die Kirschen waschen, trocken tupfen, entstielen und entsteinen. Für den Florentiner-Deckel auf Backpapier einen Kreis mit 26 cm Ø aufzeichnen. Die Springform mit Backpapier auskleiden.

2 Für den Teig die Milch erwärmen, die Hefe hineinbröckeln und den Zucker dazugeben. Alles miteinander verrühren, bis sich Hefe und Zucker in der Milch aufgelöst haben. Das Mehl und 1 kleine Prise Salz dazugeben. Alles zu einem Teig kneten und nach ein paar Minuten die Butter untermengen. Alles weiterkneten, bis ein glatter, elastischer Hefeteig entsteht. Den Teig abgedeckt an einem warmen Ort etwa 10 Min. gehen lassen. Den Teig auf etwas Mehl ausrollen und in die Springform legen, dabei einen ca. 3 cm hohen Rand andrücken. Den Backofen auf 180° (Umluft) vorheizen.

3 Für den Florentiner-Deckel Butter, Zucker, Honig und Sahne in einem Topf zum Kochen bringen. Dann die Florentiner-Masse noch etwa 5 Min. unter Rühren weiterköcheln lassen. Die Mandeln dazugeben und verrühren. Die Masse auf das vorbereitete umgedrehte Backpapier geben und mit dem Kochlöffel gleichmäßig auseinanderdrücken. Dabei den Kreis mit einem kleinen Abstand zum Rand ausfüllen. Auskühlen lassen.

4 Für die Vanillecreme die Vanilleschote längst aufschneiden und das Mark herauskratzen. 200 ml Milch mit Zucker und Vanillemark aufkochen. Inzwischen die übrige Milch mit Speisestärke und Eigelb vermengen und in die heiße Milch einrühren, einmal aufkochen lassen.

5 Die Creme auf dem Hefeteig verteilen und bis zum Rand glatt verstreichen. Die Semmelbrösel darauf verteilen und das Ganze noch mal 15 Min. gehen lassen. Dann die Kirschen darauf verteilen.

6 Den ausgekühlten Florentiner-Deckel mithilfe des Papiers auf die Kirschen stürzen und das Papier abziehen. Im Ofen (unten) in 35 Min. goldbraun backen. Die Florentiner-Masse evtl. rechtzeitig mit Alufolie abdecken, damit sie nicht zu dunkel wird. Den Kuchen herausnehmen, komplett auskühlen lassen und am besten noch am selben Tag servieren.

– VON OMA MILENA –

GEDECKTER APFELKUCHEN

Für 1 Springform (28 cm Ø, 12 Stücke) • 45 Min. Zubereitung • 2 Std. Kühlen • 1 Std. 15 Min. Backen

Für den Mürbeteig
1 Bio-Zitrone
200 g kalte Butter
120 g Zucker
1 EL Milch
Salz
320 g Mehl (Type 405)
1 Prise Backpulver

Für den Sud
300 ml Weißwein
200 g Zucker
1 Zimtstange
1 kg Äpfel (z. B. Boskop)

Für die Füllung
200 ml Apfelsaft
15 g Zucker
35 g Puddingpulver (Sahne- oder Vanillegeschmack)
1 Eigelb (M)
20 g Mandelstifte
50 g Aprikosenkonfitüre
50 g Biskuit- oder Semmelbrösel

Außerdem
Butter für die Form
Mehl zum Arbeiten
Hülsenfrüchte zum Blindbacken

1 Für den Mürbeteig die Zitrone heiß waschen, abtrocknen, 1 TL Schale fein abreiben und den Saft auspressen. Den Zitronensaft für den Sud beiseitestellen. Butter, Zucker, Milch, Zitronenschale und 1 Prise Salz gut vermengen. Das Mehl mit dem Backpulver mischen und darübersieben, alles zügig verkneten. Den Mürbeteig abgedeckt etwa 2 Std. kalt stellen.

2 Inzwischen für den Sud den Weißwein mit 500 ml Wasser, Zucker, Zimtstange und 1 TL Zitronensaft in einem Topf mischen und aufkochen. Die Äpfel schälen, entkernen und achteln. In den kochenden Sud geben und 15 Min. bei kleiner Hitze garen. In ein Sieb geben und gut abtropfen lassen.

3 Backofen auf 180° vorheizen. Die Springform gut einfetten. Zwei Drittel des Mürbeteiges 3 mm dünn auf etwas Mehl zu einem Kreis mit 32 cm Ø ausrollen. Den Teig in die Form legen, dabei einen etwa 4 cm hohen Rand formen. Teig mit Backpapier abdecken und mit Hülsenfrüchten beschweren, etwa 15 Min. im Ofen (Mitte) blindbacken. Dann herausnehmen und das Backpapier und die Hülsenfrüchte vorsichtig entfernen.

4 Für die Füllung den Apfelsaft mit dem Zucker in einem Topf aufkochen. Das Puddingpulver separat mit 70 ml Wasser anrühren, das Eigelb unterrühren und in die kochende Masse einrühren. Alles unter Rühren aufkochen. Die abgetropften Äpfel und die Mandelstifte unter die noch heiße Masse heben und diese kurz etwas abkühlen lassen.

5 Den Mürbeteigboden dünn mit Aprikosenkonfitüre bestreichen und mit den Biskuit- oder Semmelbröseln bestreuen. Die Apfelfüllung daraufgeben und gleichmäßig verteilen. Die Ofentemperatur auf 190° erhöhen.

6 Für den Kuchendeckel den restlichen Teig auf Backpapier ausrollen und mithilfe eines Springformrings einen Kreis mit 26 cm Ø ausstechen. Den Teigdeckel mithilfe des Backpapiers auf die Apfelmasse stürzen, das Papier abziehen und den Teig am Rand behutsam andrücken. Den gedeckten Apfelkuchen im Ofen (Mitte) in etwa 1 Std. goldgelb backen. Herausnehmen und in der Form vollständig abkühlen lassen.

Mürbeteig soll man nicht zu lange kneten, sonst wird er nach dem Backen trocken.

1 Für den Teig gebe ich die Mehl-Backpulver-Mischung zur Buttermasse in die Rührschüssel und verknete das Ganze möglichst zügig mit der Küchenmaschine.

3 Dann kleide ich die gefettete Form mit etwa zwei Dritteln des Mürbeteiges aus und forme dabei mit den Fingern einen etwa 4 cm hohen Rand.

2 Während der Teig kühlt, koche ich die vorbereiteten Äpfel im Weinsud, sodass sie noch gut bissfest sind.

4 Den Teig decke ich mit Backpapier ab, beschwere ihn mit Hülsenfrüchten und schiebe ihn zum Blindbacken für 15 Min. in den heißen Ofen.

5 Währenddessen rühre ich das Puddingpulver mit 70 ml Wasser und dem Eigelb an und binde damit den kochenden, gesüßten Apfelsaft.

6 Die Äpfel kurz abtropfen lassen, mit den Mandeln unter die heiße Masse ziehen und die Füllung auf dem Mürbeteigboden verteilen.

7 Den restlichen Teig rolle ich auf Backpapier aus und schneide einen Deckel für den Kuchen in Formgröße aus.

8 Ich stürze den Teigdeckel auf den Kuchen, ziehe behutsam das Backpapier ab und drücke den Teig am Rand etwas an. Wer mag, ritzt vor dem Backen ein Muster in den Deckel.

– VON OMA KATE –

IRISCHER APPLE PIE

Für 1 Springform (26 cm Ø, 12 Stücke) • 1 Std. Zubereitung • 30 Min. Kühlen • 1 Std. 25 Min. Backen

Für die Füllung
8 große Äpfel (z. B. Granny Smith)
12 ganze Gewürznelken

Für den Teig
225 g Mehl (Type 405)
50 g Butter
50 g Margarine
25 g Pflanzenfett
25 g Zucker
1 Ei (M)
150 ml kalte Milch

Außerdem
Fett und Mehl für die Form
Mehl zum Arbeiten
2 EL Zucker zum Bestreuen

1 Für die Füllung die Äpfel schälen, entkernen und mit einem Messer klein schneiden. Die Apfelstücke in einem Topf mit 2 EL Wasser und den Nelken so lange kochen, bis sie schön weich sind. Dann die Nelken wieder entfernen und die Apfelmasse vollständig abkühlen lassen.

2 Für den Teig das Mehl sieben. Mit der Butter, Margarine, dem Pflanzenfett und Zucker zu Streuseln kneten. Das Ei trennen. Die Milch und das Eigelb zu den Streuseln geben und so lange verrühren, bis eine glatte Teigkugel entsteht. In Folie packen und 30 Min. im Kühlschrank ruhen lassen.

3 Die Springform einfetten und mit Mehl ausstreuen. Etwa die Hälfte des Teiges auf etwas Mehl ein wenig größer als die Springform ausrollen. Springformboden und -rand damit auskleiden. Aus dem restlichen Teig einen Deckel für den Kuchen ausrollen und ausschneiden. Die Apfelmasse in die Form geben und mit dem Teigdeckel abdecken. Backofen auf 200° vorheizen.

4 Den Teigdeckel mit verquirltem Eiweiß bestreichen und mit Zucker bestreuen. Den Apple Pie im Ofen (unten) 10 Min backen. Dann die Temperatur auf 180° herunterschalten und den Pie in weiteren 1–1 Std. 15 Min. fertig backen. Der Deckel sollte eine leichte Kruste haben, aber nicht zu dunkel bräunen, ggf. den Kuchen rechtzeitig mit einem Stück Alufolie abdecken. Den fertigen Pie aus dem Ofen nehmen und in der Form auskühlen lassen.

Tipp
Die Mischung der Fette macht den Teig besonders mürbe und extraknusprig. Alle Zutaten sollten möglichst kühl sein, dann gelingt der Teig am besten. Und besser nicht mit der Maschine kneten, sondern schonend von Hand. Was auch schön aussieht: aus dem Teigdeckel ein Muster ausstechen und die ausgestochenen Formen auf dem Teigrand drapieren.

– VON OMA HELGA –

APFELTORTELETTS

Für 8 Stück • 40 Min. Zubereitung • 30 Min. Kühlen • 30 Min. Backen

Für den Mürbeteig

250 g Mehl (Type 405)
2 EL Zucker
Salz
125 g kalte Butter
2 EL Sahne
1 Ei (M)

Für den Belag

5 Äpfel
3 EL Aprikosenkonfitüre
1 EL Puderzucker

Außerdem

8 Tortelettförmchen (à 10 cm Ø) mit herausnehmbaren Böden
Fett und Mehl für die Förmchen
Mehl zum Arbeiten

1 Für den Mürbeteig Mehl, Zucker und 1 Prise Salz mischen. Die Butter in kleine Stücke schneiden und mit Sahne und Ei einkneten. Den Teig zudecken oder in Frischhaltefolie wickeln und 30 Min. kühl stellen.

2 Für den Belag die Äpfel waschen, schälen und entkernen. 1 Apfel grob raspeln, die restlichen Äpfel in dünne Spalten schneiden. Die Tortelettförmchen einfetten und mit Mehl ausstreuen. Den Teig auf wenig Mehl ausrollen und aus dem Teig Kreise ausschneiden, die etwas größer als die Förmchen sind. Die Tortelettförmchen damit auslegen, dabei auch jeweils den Rand formen und fest andrücken. Den Backofen auf 225° vorheizen.

3 Die Aprikosenkonfitüre erwärmen. Etwa 1 EL Konfitüre mit den Apfelraspeln mischen und auf den Teigboden streichen. Die Apfelspalten fächerförmig darauflegen und mit Puderzucker bestreuen.

4 Die Apfeltorteletts im Ofen (Mitte) 20 Min. backen. Herausnehmen und vorsichtig mit der restlichen warmen Konfitüre bestreichen. Dann 10 Min. weiterbacken, bis die Äpfel hellbraun sind. Herausnehmen, kurz in der Form abkühlen lassen. Nach Belieben lauwarm servieren.

Tipp

Mürbeteig sollte immer vor der Weiterverarbeitung gekühlt werden, nur so wird er schön knusprig. Das Rezept kann man auch für eine große Tarteform (28 cm Ø) nehmen. Die Backzeit verlängert sich dann um etwa 15 Min.

– VON OMA RENATE –

PFIRSICH-SCHMAND-TARTE

Für 1 Tarteform (24 cm Ø, 12 Stücke) • 30 Min. Zubereitung • 40 Min. Backen

Für den Mürbeteig

125 g kalte Butter
100 g Zucker
250 g Mehl (Type 405)
1 Ei (M)

Für Belag und Guss

1 große Dose Pfirsiche (680 g Abtropfgewicht)
3 Eier (M)
50 g Zucker
2 TL Vanillezucker
350 g Schmand

Außerdem

Fett und Mehl für die Form

1 Die Tarteform einfetten und dünn mit Mehl ausstreuen. Für den Belag die Pfirsiche in ein Sieb geben und gut abtropfen lassen. Nach Belieben halbieren oder in Spalten schneiden. Den Backofen auf 170° vorheizen.

2 Für den Teig Butter, Zucker, Mehl und Ei in eine Schüssel geben und mit den Knethaken des Handrührgeräts verkneten. Den Mürbeteig in die vorbereitete Tarteform geben und am Boden und Rand der Form andrücken. Die Pfirsiche mit der Schnittfläche nach unten auf dem Teig verteilen.

3 Für den Guss die Eier mit dem Zucker und dem Vanillezucker mit den Quirlen des Handrührgeräts schaumig rühren. Den Schmand hinzufügen und alles glatt rühren. Den Guss über die Pfirsiche gießen. Die Tarte im Ofen (Mitte) 40 Min. backen (Stäbchenprobe machen), bis keine feuchten Spuren mehr am Stäbchen hängen bleiben. Die Tarte herausnehmen und auskühlen lassen, dann aus der Form lösen oder direkt in der Form in Stücke schneiden.

Tauschtipp

Wenn Pfirsiche gerade Saison haben, kann man natürlich frische Pfirsiche nehmen. Der Kuchen schmeckt mit Aprikosen oder Birnen auch sehr fein.

– VON OMA ANNI –

ZWETSCHGENKUCHEN MIT SAUERRAHM

Für 1 Springform (26 cm Ø, 12 Stücke) • 50 Min. Zubereitung • mind. 30 Min. Kühlen • 55 Min. Backen

Für den Mürbeteig
300 g Mehl (Type 405)
150 g Zucker
150 g kalte Butter
1 Ei (M)

Für Belag und Guss
750 g Zwetschgen
1 Bio-Zitrone
4 Eier (M)
200 g Zucker
200 g saure Sahne
2 EL Mehl (Type 405)

Für die Streusel
100 g Zucker
200 g Mehl (Type 405)
100 g Butter

Außerdem
Fett und Mehl für die Form
Mehl zum Arbeiten

1 Für den Mürbeteig Mehl, Zucker, Butter und das Ei zu einem glatten Teig verkneten. Den Mürbeteig mind. 30 Min. zugedeckt kühl stellen. Inzwischen für den Belag die Zwetschgen waschen, trocken tupfen, entkernen und halbieren. Die Zwetschgenhälften in der Mitte noch mal bis zur Hälfte einritzen.

2 Für den Guss die Zitrone heiß waschen, abtrocknen und 1 TL Schale fein abreiben. Die Eier und den Zucker mit den Quirlen des Handrührgeräts gut schaumig schlagen. Die saure Sahne und die Zitronenschale untermengen. Das Mehl darübersieben und vorsichtig unterrühren.

3 Für die Streusel den Zucker mit dem Mehl vermischen. Die Butter behutsam schmelzen, dazugeben und das Ganze mit den Fingern zu Streuseln verkneten. Den Backofen auf 200° vorheizen. Die Form ausfetten und mehlen.

4 Den Mürbeteig auf einer leicht bemehlten Arbeitsfläche rund und auf eine Größe von etwa 32 cm Ø ausrollen. In die vorbereitete Springform legen und einen etwa 3 cm hohen Rand formen.

5 Den Teig mit den Zwetschgen belegen, den Guss darübergeben und die Streusel darauf verteilen. Den Zwetschgenkuchen im Ofen (Mitte) 45–55 Min. backen (Stäbchenprobe machen), bis keine feuchten Spuren mehr am Stäbchen hängen bleiben. Herausnehmen und auskühlen lassen.

– VON OPA GÜNTER –

HEIDELBEER-STREUSELKUCHEN

Für 1 Springform (26 cm Ø, 12 Stücke) • 35 Min. Zubereitung • 1 Std. Backen

Für den Teig
400 g Mehl (Type 405)
100 g gemahlene Mandeln
200 g Zucker
Salz
½ TL Zimtpulver
1 Pck. Backpulver
300 g weiche Butter
1 Ei (M)

Für den Belag
500 g Schmand
3 Eier (M)
75 g Zucker
1 EL Speisestärke
500 g Heidelbeeren

Außerdem
Fett und Mehl für die Form

1 Springformboden und -rand einfetten und mit Mehl ausstreuen. Für den Teig das Mehl mit Mandeln, Zucker, 1 Prise Salz, Zimt und Backpulver in einer Schüssel mischen. Die Butter in Stückchen schneiden, mit dem Ei dazugeben und alles mit den Knethaken des Handrührgeräts oder den Fingern krümelig verkneten. Den Backofen auf 180° vorheizen.

2 Drei Viertel der Teigkrümel in die vorbereitete Springform geben und gut festdrücken, dabei auch einen etwa 2 cm hohen Rand formen. Für den Belag den Schmand mit den Eiern, dem Zucker und der Speisestärke glatt rühren. Die Heidelbeeren in ein Sieb geben, kurz kalt abbrausen und anschließend auf Küchenpapier behutsam trocken tupfen.

3 350 g Heidelbeeren unter die Schmandmischung heben, die Masse auf den Teig in die Form geben und glatt streichen. Das restliche Teigviertel zu Streuseln zerkrümeln und zusammen mit den übrigen Heidelbeeren auf dem Kuchen verteilen. Im Ofen (Mitte) in 1 Std. goldgelb backen (Stäbchenprobe machen), bis keine feuchten Spuren mehr am Stäbchen hängen bleiben. Herausnehmen und auskühlen lassen, dann aus der Form lösen.

Tauschtipp
Dieses Rezept schmeckt natürlich auch mit anderen Früchten sehr gut. Wählen Sie je nach Saison beispielsweise frische Beeren (z. B. Johannis- oder Stachelbeeren), Zwetschgen oder Äpfel.

– VON OMA ANGELIKA –

QUARK-STREUSELKUCHEN MIT OBST

Für 1 Backblech (20 Stücke) • 40 Min. Zubereitung • 35 Min. Backen

Für den Teig
500 g Mehl (Type 405)
1 Pck. Backpulver
250 g Zucker
1 TL Vanillezucker
Salz
250 g weiche Butter
1 Ei (M)

Für den Belag
½ Zitrone
500 g Magerquark
500 g Quark (20 % Fett i. Tr.)
200 g Zucker
1 Ei (M)
1 Pck. Vanillepuddingpulver
8 Aprikosen (oder andere Früchte; siehe Tipp)

Außerdem
Fett und Mehl für das Backblech

1 Für den Teig das Mehl mit Backpulver, Zucker, Vanillezucker und 1 Prise Salz in einer Schüssel mischen. Die Butter in Stücken dazugeben, das Ei ergänzen und alle Zutaten zu Streuseln verkneten. Das geht am besten mit dem Knethaken einer Küchenmaschine oder mit den Händen.

2 Das Backblech einfetten und mit Mehl ausstreuen. Den Backofen auf 175° vorheizen. Drei Viertel der Teigstreusel auf dem Backblech verteilen und mit den Händen oder einer kleinen Teigwalze festdrücken.

3 Für den Belag die Zitrone auspressen. Den Magerquark, den Quark, den Zucker, das Ei, den Zitronensaft und das Vanillepuddingpulver in eine Schüssel geben und zu einer glatten Masse verrühren. Die Masse auf den Streuselteig geben und gleichmäßig verstreichen.

4 Die Aprikosen waschen, trocken tupfen, halbieren und entsteinen. Die Quarkmasse mit den Aprikosen belegen (gewölbte Seite nach oben) und den Rest der Streusel darauf verteilen. Den Kuchen im Ofen (Mitte) 30–35 Min. backen (Stäbchenprobe machen), bis keine feuchten Spuren mehr am Stäbchen hängen bleiben. Herausnehmen und auf dem Blech auskühlen lassen.

Tauschtipp
Verwenden Sie Obst nach Belieben: Äpfel (sehr harte Äpfel vorher kurz andünsten), abgetropfte Kirschen aus dem Glas, abgetropfte Dosenaprikosen oder -pfirsiche etc. Je nach Süße des Obstes kann man natürlich auch weniger Zucker verwenden.

– *VON OMA ANNI* –

JOHANNISBEER-QUARK-KUCHEN MIT BAISER

Für 1 Backform (33 × 23 cm, 20 Stücke) • 50 Min. Zubereitung • 35 Min. Backen

Für den Quark-Öl-Teig

150 g Magerquark
6 EL Milch
6 EL neutrales Speiseöl (z. B. Raps- oder Sonnenblumenöl)
75 g Zucker
1 Pck. Vanillezucker
Salz
300 g Mehl (Type 405 oder 550)
1 Pck. Backpulver

Für den Belag

500 g Rote Johannisbeeren
4 Eier (M)
50 g Butter
250 g Magerquark
250 g Quark (40 % Fett i. Tr.)
160 g Zucker
1 Pck. Vanillezucker
40 g Speisestärke

Für das Baiser

100 g Zucker
20 g Mandelblättchen

Außerdem

Fett für die Form

1 Für den Quark-Öl-Teig Quark, Milch, Öl, Zucker, Vanillezucker und 1 Prise Salz in einer Schüssel verrühren. Das Mehl mit dem Backpulver mischen, über die Quarkmischung sieben und nur kurz unterarbeiten, bis sich alles gerade so vermischt hat. Den Backofen auf 175° vorheizen. Das Backblech einfetten und den Quark-Öl-Teig darauf knapp ½ cm dick ausrollen.

2 Für den Belag die Johannisbeeren waschen, gut abtropfen lassen oder vorsichtig trocken tupfen und am besten mithilfe einer Gabel von den Rispen streifen. 2 Eier trennen. Die Eiweiße für das Baiser beiseitestellen. Die Butter schmelzen und mit den beiden Quarksorten, dem Zucker, dem Vanillezucker, den beiden ganzen Eiern, den Eigelben und der Speisestärke verrühren. Die Johannisbeeren vorsichtig unterheben. Die Quarkmasse auf dem Teig verteilen und glatt streichen. Den Kuchen im Ofen (Mitte) 25 Min. backen.

3 Inzwischen für das Baiser die Eiweiße mit den Quirlen des Handrührgeräts oder der Küchenmaschine steif schlagen und dabei den Zucker esslöffelweise einrieseln lassen. Den Eischnee gleichmäßig auf den Kuchen streichen und die Mandelblättchen darüberstreuen. Den Kuchen in weiteren 10 Min. fertig backen. Herausnehmen und abkühlen lassen.

Tipp

Beim Herstellen von Eischnee darauf achten, dass alle Geräte fettfrei sind (Schüssel und Rührbesen), kleine Eigelbreste müssen entfernt werden. Bei kleinsten Fettmengen wird der Eischnee nicht steif. Ein Spritzer Zitronensaft macht den Eischnee besonders fest. Bei zu langem Stehen setzt sich wieder Eiklar ab.

– VON OMA ANNI –

APRIKOSEN-MANDEL-KUCHEN

Für 1 Springform (28 cm Ø, 12 Stücke) • 30 Min. Zubereitung • 30 Min. Kühlen • 1 Std. 15 Min. Backen

Für den Mürbeteig
1 Bio-Zitrone
130 g Mehl (Type 405)
1 Eigelb (M)
40 g Zucker
70 g kalte Butter

Für den Rührteig
200 g Butter
200 g Puderzucker
3 Eier (M)
230 g Mehl (Type 405)

Außerdem
Fett und Mehl für die Form
Mehl zum Arbeiten
1 kg Aprikosen (frisch oder aus der Dose)
125 g Mandelstifte
2 Pck. Vanillezucker

1 Die Zitrone heiß waschen, abtrocknen und die Schale abreiben. Für den Mürbeteig Mehl, Eigelb, ½ TL Zitronenschale (den Rest für den Rührteig beiseitestellen), Zucker und Butter in Stücken in eine Schüssel geben und mit den Knethaken des Handrührgeräts zu einem glatten Mürbeteig verkneten. In Frischhaltefolie wickeln und 30 Min. kühl stellen.

2 Den Backofen auf 175° vorheizen. Die Springform einfetten und mit Mehl ausstreuen. Den Mürbeteig auf wenig Mehl dünn und möglichst rund ausrollen und den Boden der Form damit auslegen. Die Form in den Ofen schieben (Mitte) und den Teigboden 12–15 Min. backen. Anschließend herausnehmen und in der Form auskühlen lassen.

3 Die frischen Aprikosen waschen, trocken tupfen, halbieren und entkernen. Falls Aprikosen aus der Dose verwendet werden, diese in einem Sieb gut abtropfen lassen. Für den Rührteig die Butter, den Puderzucker und ½ TL Zitronenschale miteinander vermengen und sehr gut cremig rühren. Nach und nach die Eier (nicht zu kalt) dazugeben und die Masse schaumig aufschlagen. Das Mehl darübersieben und vorsichtig unterziehen.

4 Ein Drittel des Rührteiges auf den ausgekühlten Mürbeteigboden geben. Dann die Aprikosen mit der runden Seite nach oben in den Teig drücken. Den restlichen Rührteig darauf verteilen und glatt streichen. Die Mandelstifte und den Vanillezucker darüberstreuen. Den Aprikosen-Mandel-Kuchen im Ofen (Mitte) 1 Std. backen (Stäbchenprobe machen). Herausnehmen und vor dem Servieren in der Form auf einem Kuchengitter auskühlen lassen.

– VON OMA IRMGARD –

MARILLEN-CROSTATA

Für 1 Springform (28 cm Ø, 12 Stücke) • 30 Min. Zubereitung • 30 Min. Kühlen • 25 Min. Backen

Für den Mürbeteig
1 Bio-Zitrone
5 Eigelb (M)
250 g Zucker
Salz
250 g weiche Butter
500 g Mehl (Type 405)

Für den Belag
200 g stückige Aprikosenkonfitüre (ersatzweise eine andere Konfitüre)

Außerdem
Mehl zum Arbeiten

1 Die Zitrone heiß waschen, abtrocknen und die Schale abreiben. Die Eigelbe in einer Schüssel verquirlen. Den Zucker, 1 Prise Salz und die Zitronenschale dazugeben und alles vermengen. Die Butter in Flöckchen einarbeiten, dann das Mehl dazusieben und rasch von Hand oder mit den Knethaken des Handrührgeräts unterkneten. Den Mürbeteig zugedeckt oder in Frischhaltefolie gewickelt 30 Min. im Kühlschrank ruhen lassen.

2 Inzwischen die Springform mit Backpapier auslegen. Den Backofen auf 200° vorheizen. Drei Viertel des Mürbeteiges auf wenig Mehl möglichst rund und in Größe der Form ausrollen und in die vorbereitete Springform legen. Den Teigboden mit einer Gabel mehrmals einstechen.

3 Die Aprikosenkonfitüre durchrühren, auf den Teigboden geben und bis zum Rand verstreichen. Das übrige Teigviertel auf wenig Mehl ca. 3 mm dünn ausrollen und mit dem Messer in gleich breite Streifen schneiden. Die Teigstreifen als Gitter über die Füllung legen. Die Marillen-Crostata im Ofen (Mitte) in etwa 25 Min. goldbraun backen. Herausnehmen und auskühlen lassen.

Lieblingsrezept
Ich liebe dieses Crostata-Rezept! Es ist nicht nur praktisch, wenn man mal Eigelb übrig hat, sondern es ist auch so schnell gemacht – und der flache Mürbeteigkuchen schmeckt mit jedem Tag besser.

– VON OMA MONIKA –

MOHN-SCHMANDKUCHEN

Für 1 Springform (26 cm Ø, 12 Stücke) • 50 Min. Zubereitung • 50 Min. Backen

Für den Belag

½ l Milch
100 g Weichweizengrieß
200 g Schmand
125 g Mohnback (Mohnmischung zum Backen)

Für den Mürbeteig

200 g Mehl (Type 405)
125 g Zucker
½ Pck. Backpulver
125 g Butter
2 Eier (M)

Für den Guss

2 Eier (M)
3 EL Zucker
3 EL Milch
200 g Schmand

Außerdem

Fett und Mehl für die Form
Mehl zum Arbeiten

1 Für den Belag die Milch in einem Topf zum Kochen bringen und den Grieß untermischen. Die Masse unter Rühren einmal aufkochen lassen, dann vom Herd nehmen und leicht abkühlen lassen. Den Schmand und die Mohnmasse unterrühren. Den Backofen auf 180° vorheizen.

2 Für den Mürbeteig Mehl mit Zucker und Backpulver vermischen. Die Butter in Stücken zugeben, die Eier ergänzen und alles mit den Knethaken des Handrührgeräts zu einem Teig verkneten. Die Springform einfetten und mit Mehl ausstreuen. Den Teig auf wenig Mehl ausrollen, die Form damit auslegen und dabei einen etwa 5 cm breiten Rand formen. Die Mohn-Grieß-Masse auf den Teig in die Form geben, glatt streichen und den Kuchen im Ofen (Mitte) 40 Min. backen. Den Kuchen aus dem Ofen nehmen und 5 Min. abkühlen lassen. Den Backofen dabei aber nicht ausschalten.

3 Für den Guss die Eier trennen. Die Eiweiße mit den Quirlen des Handrührgeräts steif schlagen. Die Eigelbe mit Zucker, Milch und Schmand verrühren. Den Eischnee unter die Mischung ziehen. Den Guss auf den Kuchen streichen, den Kuchen zurück in den Ofen schieben (Mitte) und weitere 10 Min. backen (Stäbchenprobe machen). Herausnehmen und vollständig auskühlen lassen. Erst dann aus der Form lösen und servieren.

Variante

Noch raffinierter wird es mit einer Fruchtschicht zwischen Mohn-Grieß-Kuchen und Schmandguss. Belegen Sie dazu den vorgebackenen Kuchen mit Mangoscheiben oder Himbeeren, bevor der Guss daraufkommt und der Kuchen erneut gebacken wird. Sehr lecker!

– VON OMA IRMGARD –

SCHWÄBISCHER RAHMKUCHEN

Für 1 Springform (28 cm Ø, 12 Stücke) • 1 Std. Zubereitung • 30 Min. Kühlen • 50 Min. Backen

Für den Mürbeteig

250 g Mehl (Type 405)
125 g kalte Butter
90 g Puderzucker
1 Ei (L)
Salz

Für den Belag

½ Zitrone
400 g saure Sahne
400 g Schmand (ersatzweise Crème fraîche)
200 g Sahne
45–50 g Vanillepuddingpulver
125 g Zucker
4 Eier (M)

Außerdem

Fett und Mehl für die Form
Mehl zum Arbeiten
2 Prisen Zimtpulver
2 TL Zucker

1 Für den Teig Mehl, Butter, Puderzucker, Ei und 1 Prise Salz in eine Schüssel geben und rasch mit den Knethaken des Handrührgeräts zu einem Teig verkneten. Den Mürbeteig auf einen Teller geben, abdecken (z. B. mit einer Schüssel) und ca. 30 Min. im Kühlschrank kalt stellen.

2 Die Springform sorgfältig einfetten und mit Mehl ausstreuen. Den Mürbeteig auf wenig Mehl möglichst rund (etwa 35 cm Ø) ausrollen, in die vorbereitete Form legen, festdrücken und dabei einen 3–4 cm hohen Rand formen. Den Backofen auf 185° vorheizen.

3 Für den Belag die Zitrone auspressen. Die saure Sahne mit dem Schmand und der Sahne mit einem Schneebesen verrühren. Puddingpulver, Zucker, Eier und ½ TL Zitronensaft dazugeben und unterrühren. Die Masse gleichmäßig auf dem Mürbeteig verteilen und den Kuchen im Ofen (Mitte) 45 Min. backen. Dann den sogenannten Wackeltest machen: Mit Backhandschuhen den Kuchen in der Form leicht rütteln – ist die Masse eher flüssig als träge, noch etwa 5 Min. weiterbacken, bis sie fester wird.

4 Den Kuchen nach dem Backen noch 15–20 Min. im ausgeschalteten Ofen stehen lassen, damit er keine Risse bekommt und nicht einsinkt. Den schwäbischen Rahmkuchen erst danach aus dem Ofen nehmen. Zimt und Zucker vermischen, den Kuchen mit dieser Mischung bestreuen und vor dem Servieren in der Form vollständig abkühlen lassen.

Lieblingsrezept aus der Heimat

Wer über 50 Jahre am Albtrauf unter der Hohenzollernburg gelebt hat, sollte nicht nur Spätzle schaben können, sondern auch die lokalen Backspezialitäten bestens kennen. Der schwäbische Rahmkuchen ist der Käsekuchen im »Sonntagshäs«! Bitte keinen Quark verwenden! Sonst wird aus dem »Sonntagshäs« ein »Schaffhäs«! (Anmerkung für Nicht-Schwaben: Bei »Sonntagshäs« und »Schaffhäs« handelt es sich um Sonntags- und Arbeitskleidung.)

– VON OPA GÜNTER –

UMGEDREHTER KÄSEKUCHEN

Für 1 Springform (24 cm Ø, 12 Stücke) • 1 Std. Zubereitung • 1 Std. Backen

Für den Teig
150 g weiche Butter
150 g Zucker
3 Eier (M)
150 g Mehl (Type 405)
1 Pck. Backpulver
1 Pck. Vanillezucker

Für den Belag
150 g Zucker
150 g weiche Butter
3 Eier (M)
½ Zitrone
1 Pck. Vanillepuddingpulver
250 g Magerquark
250 g Quark (20 % Fett i. Tr.)

Außerdem
Fett und Mehl für die Form
Puderzucker zum Bestäuben

1 Für den Teig Butter und Zucker mit den Quirlen des Handrührgeräts cremig rühren. Die Eier einzeln hinzufügen und jeweils vollständig unterschlagen, bevor das nächste Ei hinzukommt. Die Masse gut schaumig schlagen. Das Mehl mit dem Backpulver vermischen und über die Buttermasse sieben. Zusammen mit dem Vanillezucker unterrühren. Die Springform einfetten und mit Mehl ausstreuen. Den Teig in die vorbereitete Form geben und zum Rand hin etwas hochstreichen. Den Backofen auf 170° vorheizen.

2 Für den Belag in einer weiteren Schüssel Zucker und Butter cremig rühren. Die Eier ebenfalls nach und nach einzeln unterrühren. Die Zitrone auspressen. Dann den Zitronensaft, das Vanillepuddingpulver, den Magerquark und Quark hinzufügen und alles zu einer glatten, cremigen Masse verrühren. Die Quarkmasse auf den Teig in die Form gießen und glatt streichen.

3 Den Kuchen im Ofen (Mitte) etwa 30 Min. backen. Dann ein Stück Alufolie über die Form legen (sie darf den Kuchen nicht berühren) und den Kuchen 30 Min. weiterbacken. Den Ofen ausschalten, die Ofentür öffnen und den Kuchen im Ofen auskühlen lassen. Zum Servieren den Rand der Springform behutsam lösen, den Käsekuchen auf eine Tortenplatte stürzen und zum Servieren leicht mit Puderzucker bestäuben.

– VON OMA MONA –

KALTER HUND

Für 1 Kastenform (30 cm Länge, 18 Stücke) • 50 Min. Zubereitung • 2 Std. Kühlen

250 g Kokosfett
2 Eier (M)
100 g Zucker
50 g ungesüßtes Kakaopulver
1 EL fein gemahlenes Kaffeepulver
200 g Butterkekse

1 Das Kokosfett in Stücke schneiden und in einem Topf bei kleiner Hitze langsam schmelzen. In einer Schüssel die Eier, den Zucker und das Kakao- und Kaffeepulver vorsichtig miteinander verrühren. Dann nach und nach das geschmolzene Kokosfett unterrühren, sodass eine glatte Masse entsteht.

2 Die Kastenform mit Backpapier auslegen, sodass man den erkalteten Kuchen später gut herausheben kann (dafür das Papier am besten etwas über den Rand der Kastenform rausstehen lassen).

3 Nun abwechselnd eine dünne Schicht Schokomasse und eine Schicht Kekse in die Form geben. Den Kuchen mit einer Schicht Schokomasse abschließen. Die Form anschließend abdecken und 1–2 Std. in den Kühlschrank stellen.

4 Zum Servieren die Form aus dem Kühlschrank nehmen und den Kalten Hund vorsichtig aus der Form heben oder stürzen. Das Papier behutsam abziehen. Zum Servieren den Kuchen mit einem scharfen Messer mit langer dünner Klinge in 1–2 cm dicke Scheiben schneiden.

Tauschtipp

Anstelle der Butterkekse kann man auch Vollkornbutterkekse nehmen, statt Kaffee- oder Espressopulver schmeckt auch ein Schuss Kaffeelikör.

TORTEN FÜR JEDEN ANLASS

Auf festlichen Feiern war das sahnige Prachtstück von Oma immer ein Highlight. Man konnte kaum erwarten, ein Stück davon nehmen zu dürfen … Hier findet jeder seine Lieblingstorte, ob klassisch, schokoladig oder fruchtig.

– VON OMA IRMGARD –

SACHERTORTE

Für 1 Springform (26 cm Ø, 12 Stücke) • 1 Std. Zubereitung • 35 Min. Backen

Für den Teig

4 Eier (M)
130 g Butter
125 g Zucker
Salz
250 g Mehl (Type 405)
2 TL Backpulver
50 g ungesüßtes Kakaopulver
125 ml Milch

Für Füllung und Deko

etwa 200 g Aprikosenkonfitüre
200 g Zartbitterkuvertüre (ca. 50 % Kakaogehalt)

Außerdem

Fett und Mehl für die Form

1 Die Springform einfetten und mit Mehl ausstreuen. Den Backofen auf 175° vorheizen. Für den Teig die Eier trennen. Die Butter mit dem Zucker, den Eigelben und 1 Prise Salz schaumig rühren. Das Mehl mit dem Backpulver mischen und nach und nach zu der Butter-Eigelb-Masse geben.

2 Das Kakaopulver mit der Milch verrühren und unter die Teigmasse mengen. Die Eiweiße steif schlagen und locker unterheben. Den Teig in die Springform geben und im Ofen (Mitte) 30–35 Min. backen (Stäbchenprobe machen). Die fertig gebackene Torte aus dem Ofen nehmen, auf ein Kuchengitter stellen und gut auskühlen lassen, dann aus der Form lösen.

3 Die ausgekühlte Torte mit einem langen dünnen Messer in der Mitte waagerecht halbieren. Die Aprikosenkonfitüre glatt rühren und die untere Tortenhälfte dünn damit bestreichen. Anschließend die obere Tortenhälfte wieder daraufsetzen und behutsam andrücken. Die Kuvertüre hacken und in einem Topf über einem heißen Wasserbad schmelzen lassen, dabei gelegentlich durchrühren. Die flüssige Kuvertüre mithilfe eines Backpinsels rundherum auf die Sachertorte streichen. Die Glasur vor dem Servieren gut anziehen lassen.

Tipp

Dazu passt frisch geschlagene Sahne sehr gut. Und natürlich ein guter Kaffee! Und falls noch Sachertorte übrig bleibt, keine Sorge: Die schmeckt auch am nächsten und übernächsten Tag noch ganz hervorragend!

– VON OPA GÜNTER –

SCHOKOTORTE MIT FLÜSSIGEM KERN

Für 1 Springform (22 cm Ø, 10 Stücke) • 20 Min. Zubereitung • 30 Min. Backen

300 g dunkle Schokolade (mind. 70 % Kakaogehalt)
300 g weiche Butter
6 Eier (M)
225 g Zucker
Salz
120 g Mehl (Type 405 oder 550)

Außerdem

Butter und Mehl für die Form
ungesüßtes Kakaopulver zum Bestäuben

1 Die Schokolade hacken und in einer Schüssel über einem heißen Wasserbad schmelzen lassen. Die Butter dazugeben und gut verrühren, bis sie ebenfalls geschmolzen ist. Den Springformboden und -rand einfetten und mit Mehl ausstreuen. Den Backofen auf 180° vorheizen.

2 Die Eier, den Zucker und 1 Prise Salz in eine Schüssel geben und miteinander verquirlen. Das Mehl sieben, dazugeben und nur kurz unterrühren. Dann die Schokoladen-Butter-Mischung dazugeben und ebenfalls unterrühren.

3 Den Teig in die vorbereitete Form geben und im heißen Ofen (Mitte) 30 Min. backen. Die Schokotorte aus dem Ofen nehmen und nach Belieben warm servieren oder in der Form gut auskühlen lassen. Zum Servieren das Kakaopulver darübersieben. Direkt nach dem Backen ist der Kuchen innen noch flüssig. Je länger er abkühlt, desto fester wird die Schokofüllung. Abgekühlt ist er im Inneren dann eher mousseartig.

Tipp

Besonders hübsch sieht die Schokotorte auch im Kleinformat aus: Backen Sie den Teig dazu einfach in Tortelett- oder Muffin-Förmchen. Je nach Größe reduziert sich dabei die Backzeit um 5–10 Min.

– VON OMA IRMGARD –

PANAMATORTE

Für 1 Springform (26 cm Ø, 16 Stücke) • 45 Min. Zubereitung • 35 Min. Backen • 1 Tag Ruhen

Für den Biskuit

80 g Zartbitterschokolade (ca. 60 % Kakaogehalt)
7 Eier (M)
140 g Zucker
140 g gemahlene Mandeln

Für die Füllung

70 g Bitterschokolade (ca. 70 % Kakaogehalt)
140 g weiche Butter
120 g Zucker
2 sehr frische Eier (M)

Außerdem

50 g gehackte Mandeln zum Garnieren

1 Für den Teig die Schokolade hacken, in einer Schüssel über einem heißen Wasserbad schmelzen und leicht abkühlen lassen. Die Form mit Backpapier auslegen, den Rand der Form nicht einfetten. Backofen auf 170° vorheizen.

2 Die Eier trennen. Die Eiweiße mit den Quirlen des Handrührgeräts steif schlagen. Die Eigelbe mit dem Zucker zu einer hellcremigen Masse aufschlagen. Den Eischnee, die Mandeln und die Schokolade auf die Eigelbmasse geben und alles sehr vorsichtig unterheben. Die Teigmasse in die Form füllen. Im Ofen (Mitte) 30–35 Min. backen (Stäbchenprobe machen).

3 Den Biskuit aus dem Ofen nehmen und auskühlen lassen. Wer Zeit hat, lässt ihn am besten einen Tag ruhen. Dann vorsichtig aus der Form lösen und zum Füllen einmal waagerecht durchschneiden.

4 Für die Füllung die Schokolade hacken, in einer Schüssel über einem heißen Wasserbad schmelzen und anschließend wieder etwas abkühlen lassen. Die Butter mit dem Zucker verrühren, nach und nach die Eier dazugeben und die Masse mit den Quirlen des Handrührgeräts sehr schaumig schlagen. Zum Schluss die Schokolade einrühren.

5 Einen Tortenboden auf eine Platte setzen und mit etwa einem Drittel der Creme bestreichen. Den anderen Boden daraufsetzen und leicht andrücken. Die Torte mit der restlichen Creme außen rundherum dünn bestreichen. Mit den gehackten Mandeln bestreuen und bis zum Verzehr kalt stellen.

Gut zu wissen

Da für die Füllcreme rohe Eier verwendet werden, sollte man die Torte erst an dem Tag füllen, an dem sie auch verzehrt wird. Verwenden Sie für die Füllung wirklich nur topfrische Eier!

– VON OMA RENATE –

GROSSMUTTERS PARISER SCHOKOLADENTORTE

Für 1 Springform (26 cm Ø, 16 Stücke) • 1 Std. 30 Min. Zubereitung • 35 Min. Backen • 2 Std. Kühlen

Für den Biskuit

7 Eier (M)
250 g Zucker
60 g Butter
150 g Mehl (Type 405)
50 g Speisestärke
50 g ungesüßtes Kakaopulver

Für die Tortentränke

4 EL Zucker
2 EL Rum
2 EL Orangenlikör (ersatzweise Orangensaft)

Für die Creme

200 g Zartbitterkuvertüre (ca. 50 % Kakaogehalt)
125 g Sahne
40 g weiche Butter
2 EL Rum

Für die Schokoröllchen

100 g Zartbitterkuvertüre (ca. 50 % Kakaogehalt)

1 Den Backofen auf 190° vorheizen. Den Springformboden mit Backpapier auslegen. Für den Teig Eier und Zucker über einem warmen Wasserbad schaumig schlagen. Auf ein kaltes Wasserbad setzen und weiterschlagen, bis die Masse abgekühlt ist. Die Butter schmelzen und leicht abkühlen lassen.

2 Mehl, Stärke und Kakao mischen, über die Eiermasse sieben und unterheben. Die flüssige Butter langsam dazugeben und ebenfalls unterziehen. Den Teig in die Form füllen und glatt streichen. Im Ofen (Mitte) 30–35 Min. backen (Stäbchenprobe machen). Herausnehmen, den Rand der Form lösen, den Biskuit auf ein Backpapier stürzen und auskühlen lassen.

3 Für die Tortentränke Zucker mit 2 EL Wasser, Rum und Likör aufkochen und vom Herd nehmen. Den Biskuit einmal waagerecht durchschneiden. Beide Biskuitböden großzügig mit Tortentränke beträufeln.

4 Für die Creme die Kuvertüre hacken. In einem Topf die Sahne aufkochen, vom Herd nehmen, die Kuvertüre zugeben und unter Rühren schmelzen. Beim Abkühlen die Masse schlagen, bis sich ihr Volumen verdoppelt hat. Die weiche Butter und den Rum unterrühren.

5 Einen Biskuitboden auf eine Tortenplatte legen. Mit der Hälfte der Creme bestreichen und mit dem zweiten Boden abdecken. Die Torte mit der restlichen Creme rundherum einstreichen und 2 Std. kalt stellen.

6 Für die Schokoröllchen die Kuvertüre hacken und über einem warmen Wasserbad schmelzen lassen. Die Kuvertüre dünn auf einem mit Backpapier ausgelegten Blech verstreichen. An einem kühlen Ort anziehen lassen. Mit einem Spachtel lange Schokoröllchen abschaben und die Torte damit garnieren.

Das ist ein ganz altes Schokoladentorten-rezept, sehr üppig und allseits beliebt!

1 Zuerst schlage ich die Eier mit dem Zucker über einem warmen Wasserbad sehr gut schaumig auf. Dann rühre ich auf einem Eiswasserbad weiter, bis die Masse kalt ist.

2 Die Mischung aus Mehl, Stärke und Kakao siebe ich dazu und ziehe sie zügig aber behutsam unter.

3 Den vollständig ausgekühlten Biskuit schneide ich mit einem Tortenmesser einmal waagerecht durch.

4 Beide Biskuitböden bepinsele ich großzügig mit einem Mix aus Zucker, Wasser, Rum und Orangenlikör. Die Flüssigkeit sollte man gut einziehen lassen!

5 Für die Füllung schmelze ich die Kuvertüre in der Sahne und schlage alles beim Abkühlen luftig auf. Anschließend wird die Creme mit Butter und Rum verfeinert.

6 Ich bestreiche einen Biskuitboden mit der Hälfte der Creme, setze den zweiten Boden darauf und umhülle die Torte mit der übrigen Creme.

7 Während die Torte kühlt, habe ich Zeit, die Kuvertüre zu schmelzen. Ich streiche sie mit einer Palette auf ein Stück Backpapier und lasse sie etwas anziehen.

8 Bevor die Kuvertüre ganz fest ist, schabe ich mit einem Spachtel lange Schokoröllchen ab. Damit wird meine Pariser Schokotorte großzügig garniert.

– VON OMA RENATE –

SCHOKOLADENTORTE MIT BLUTORANGENSAFT

Für 1 Springform (22 cm Ø, 12 Stücke) • 1 Std. Zubereitung • 40 Min. Backen

- *130 g Zartbitterkuvertüre (ca. 50 % Kakaogehalt)*
- *5 Eier (M)*
- *Salz*
- *150 g Zucker*
- *120 g weiche Butter*
- *80 ml Blutorangensaft*
- *130 g Mehl (Type 405)*
- *1 TL Backpulver*
- *½ TL Zimtpulver*
- *1 Prise gemahlener Kardamon*
- *1 Msp. Nelkenpulver*
- *4 EL Orangenkonfitüre*

Außerdem

- *1 Fondant- oder Marzipandecke (450 g; Fertigprodukt)*
- *ca. 200 g Zartbitterkuvertüre (ca. 50 % Kakaogehalt)*

1 Die Kuvertüre hacken und langsam über einem warmen Wasserbad schmelzen. Vom Wasserbad nehmen und etwas abkühlen lassen. Die Springform mit Backpapier auslegen. Den Backofen auf 180° vorheizen.

2 Die Eier trennen. Die Eiweiße mit 1 Prise Salz und 50 g Zucker steif schlagen. Die Butter mit dem restlichen Zucker schaumig rühren. Die Eigelbe und 2 EL Blutorangensaft dazugeben, alles gut verrühren.

3 Das Mehl mit dem Backpulver und den Gewürzen mischen und unter die Butter-Eier-Masse rühren. Anschließend vorsichtig die geschmolzene Kuvertüre einrühren und den Eischnee unterheben.

4 Den Teig in die vorbereitete Form füllen und im Ofen (Mitte) etwa 40 Min. backen (Stäbchenprobe machen). Herausnehmen, die Oberfläche des Kuchens sofort mehrmals einstechen und mit dem übrigen Blutorangensaft beträufeln. Die Schokoladentorte vollständig auskühlen lassen.

5 In einem kleinen Topf die Orangenkonfitüre leicht erhitzen, durch ein Sieb streichen. Die Torte mit einem langen schmalen Messer einmal waagerecht durchschneiden. Den unteren Teil mit der Hälfte der Konfitüre bestreichen, den oberen Teil darauflegen und mit der übrigen Konfitüre bestreichen.

6 Die Schokotorte mit einer Fondant- oder Marzipandecke ummanteln. Kuvertüre hacken, in einer Schüssel über einem heißen Wasserbad schmelzen lassen und die Torte mithilfe eines Backpinsels rundherum damit bestreichen.

Tipp

Ein Schuss Rum in der Marmelade gibt noch einmal eine besondere Note! Essen Kinder mit, Rumaroma ohne Alkohol verwenden!

– VON OMA MILENA –

WALNUSS-SCHOKOBOMBE

Für 1 Torte (26 cm Ø, 16 Stücke) • 1 ½ Std. Zubereitung • 30 Min. Backen • 1 Std. Kühlen

Für die Böden

16 Eier(M)
160 g Zucker
160 g gemahlene Walnüsse

Für die Füllung

3 Pck. Vanillepuddingpulver
1 l Milch
200 g Walnusskerne
100 g Vollmilchschokolade (ca. 35 % Kakaogehalt)
100 g Vollmilchschokolade (ca. 35 % Kakaogehalt) mit Rosinen
300 g Butterkekse
500 g Puderzucker
350 g Butter

Außerdem

1 Fondant- oder Marzipandecke (450 g; Fertigprodukt)
16 Walnusskernhälften

1 Auf vier Bogen Backpapier je einen Kreis mit 26 cm Ø markieren. Den Backofen auf 160° (Umluft) vorheizen. Insgesamt vier Biskuitböden backen, dafür jeweils zwei Böden auf einmal herstellen. Eier trennen, Eigelbe für die Füllung beiseitestellen. Für zwei Böden 8 Eiweiße steif schlagen und dabei 80 g Zucker einrieseln lassen. 80 g gemahlene Walnüsse unterheben. Die Eiweißmasse auf zwei Backpapierbogen verteilen, kreisförmig glatt verstreichen und im Ofen gemeinsam etwa 15 Min. backen. Die Böden aus dem Ofen nehmen und abkühlen lassen. Inzwischen aus den übrigen Zutaten die beiden anderen Böden zubereiten. Die ausgekühlten Böden behutsam vom Backpapier lösen.

2 Für die Füllung das Puddingpulver mit 200 ml Milch glatt rühren. Die restliche Milch aufkochen, das Puddingpulver einrühren und unter Rühren aufkochen. Den Pudding mit Folie abdecken und auskühlen lassen. Die Walnüsse und beide Schokoladensorten fein hacken. Die Kekse fein zerkrümeln.

3 Die Eigelbe mit 250 g Puderzucker über einem heißen Wasserbad mit den Quirlen des Handrührgeräts sehr gut schaumig schlagen. Löffelweise den Pudding unterrühren. Die Butter cremig rühren und den übrigen Puderzucker unterschlagen. Nach und nach die Pudding-Eigelb-Masse unterrühren. Zuletzt die Walnüsse, Butterkekse und die Schokoladen unter die Masse ziehen.

4 Einen Biskuitboden auf eine Tortenplatte legen und mit einem Tortenring umschließen. Ein Viertel der Creme darauf verstreichen, einen weiteren Boden auflegen, mit Creme bestreichen. So fortfahren, bis alle Böden aufeinandergesetzt sind. Die Torte oben mit etwas Creme einstreichen. Den Ring abziehen und die Torte mit der restlichen Creme am Rand einstreichen und glätten. Die Torte 1 Std. in den Kühlschrank stellen, damit die Creme anzieht.

5 Zum Garnieren die Fondant- oder Marzipandecke mit einem Nudelholz zu einem Kreis von 32 cm Ø ausrollen. Mittig auf die Torte legen und vorsichtig die Folie abziehen. Die Decke an der Oberseite der Torte andrücken. Nun Stück für Stück am Rand glatt ziehen. Die überstehenden Reste mit einem Messer abschneiden. Die Torte mit den Walnusskernhälften garnieren.

Lieblingsrezept der ganzen Familie

Die Torte ist eine wahre Bombe! Meine jüngste Tochter liebt sie am allermeisten und wünscht sich diese Torte immer zum Geburtstag oder zu Familienfesten. Das Rezept habe ich aus meiner Heimat Kroatien.

– VON OMA IRMGARD –

LINZER TORTE

Für 1 Springform (24 cm Ø, 12 Stücke) • 30 Min. Zubereitung • mind. 30 Min. Kühlen • 20 Min. Backen

Für den Mürbeteig

1 Bio-Zitrone
140 g Margarine
140 g Puderzucker
140 g gemahlene Haselnüsse
140 g Mehl (Type 405)
1 Ei (M)
½ TL Zimtpulver

Außerdem

Butter und Mehl für die Form
Mehl zum Arbeiten
200 g Johannisbeerkonfitüre (ersatzweise Himbeerkonfitüre)
1 Eigelb (M)

1 Die Zitrone heiß waschen, abtrocknen und 1 TL Schale fein abreiben. Die Margarine mit dem Puderzucker, den Haselnüssen, dem Mehl, der Zitronenschale, dem Ei und dem Zimt in eine Rührschüssel geben und mit den Knethaken des Handrührgeräts rasch zu einem glatten Mürbeteig verkneten. Den Teig abdecken und mind. 30 Min. kühl stellen.

2 Eine Springform einfetten und mit Mehl ausstreuen. Dann etwa zwei Drittel des gekühlten Teiges auf einer leicht bemehlten Arbeitsfläche etwas größer als die Form ausrollen. Den Teig in die Form geben und dabei auch einen etwa 3 cm hohen Rand formen. Den Backofen auf 200° vorheizen.

3 Die Konfitüre glatt rühren und auf dem Teigboden verstreichen. Aus dem restlichen Teig dünne Rollen formen oder den Teig auf wenig Mehl ausrollen und mithilfe eines Lineals in gleich breite Streifen schneiden. Die Teigrollen oder -streifen gitterförmig auf die Konfitüre legen. Das Eigelb verquirlen und die Teigoberfläche damit bepinseln. Die Linzer Torte im Ofen (Mitte) etwa 20 Min. backen (Stäbchenprobe machen). Herausnehmen und auskühlen lassen, dann aus der Form lösen und zum Servieren auf eine Tortenplatte setzen.

– VON OPA GÜNTER –

ENGADINER NUSSTORTE

Für 1 Springform (26 cm Ø, 12 Stücke) • 50 Min. Zubereitung • 30 Min. Kühlen • 50 Min. Backen

Für den Mürbeteig

1 Bio-Zitrone
350 g Mehl (Type 405 oder 550)
250 g kalte Butter
125 g Zucker
1 Ei (M)
Salz

Für die Füllung

300 g Walnusskerne
200 g Zucker
100 g Sahne
2 EL Honig

Außerdem

Butter und Mehl für die Form
Mehl zum Arbeiten
1 Eigelb (M)
2 TL Sahne
100 g Zartbitterkuvertüre (ca. 50 % Kakaogehalt)
12 Walnusskernhälften

1 Für den Teig die Zitrone heiß waschen, abtrocknen und 1 TL Schale fein abreiben. Das Mehl mit der Butter, dem Zucker, dem Ei, 1 Prise Salz und der Zitronenschale in eine Schüssel geben und mit den Knethaken des Handrührgeräts zu einem Mürbeteig verkneten. Den Teig abgedeckt 30 Min. kalt stellen.

2 Für die Füllung die Walnusskerne mit einem Messer grob hacken. Den Zucker unter gelegentlichem Rühren in einem Topf bei mittlerer Hitze goldgelb karamellisieren. Dann sofort die gehackten Walnüsse unterrühren. Die Mischung mit der Sahne ablöschen, den Honig dazugeben und untermischen. Die Masse etwa 1 Min. köcheln, danach abkühlen lassen. Die Springform einfetten und mit Mehl ausstreuen. Den Backofen auf 175° vorheizen.

3 Den Mürbeteig in zwei Portionen teilen, jeweils auf einer leicht bemehlten Arbeitsfläche ausrollen und insgesamt zwei Kreise von jeweils 26 cm Ø ausschneiden. Den Restteig zusammenkneten und beiseitelegen. Einen Teigkreis in die vorbereitete Springform legen.

4 Den Restteig zu einer Rolle formen, flach ausrollen und in einen langen, 6 cm breiten Streifen schneiden. Mit dem Teigstreifen überhängend den Springformrand auslegen. Die Nussfüllung auf den Teig geben und die zweite Teigplatte darauflegen. Den überhängenden Teigrand darüberklappen und mit einer Gabel leicht andrücken. Nach Belieben aus dem übrigen Restteig Blätter oder andere Formen schneiden und die Torte damit verzieren.

5 Das Eigelb mit der Sahne verquirlen und die Torte mit zwei Dritteln dieser Mischung bestreichen. Die Engadiner Nusstorte im Ofen (Mitte) 45–50 Min. backen. Nach 35 Min. Backzeit die Torte mit dem Rest der Eigelb-Sahne-Mischung bestreichen und evtl. in den letzten Minuten mit Alufolie abdecken. Torte aus dem Ofen holen und auskühlen lassen, dann aus der Form lösen.

6 Die Kuvertüre hacken und über einem heißen Wasserbad schmelzen lassen. Die 12 Walnusskernhälften jeweils etwa zur Hälfte in die Kuvertüre tauchen, kurz abtropfen lassen und am Rand des Kuchens im Kreis verteilt aufsetzen.

Schöne Erinnerung

Das Rezept erinnert mich an unsere schönen Urlaube im Engadin. Ist man in der Gegend von Sankt Moritz, sollte man die Torte unbedingt dort essen!

– VON OMA ANNA –

NUSSROULADE

Für 1 Backblech (10 Stücke) • 1 Std. Zubereitung • 20 Min. Backen • 3 Std. Kühlen

Für den Biskuit

4 Eier (M)
120 g Zucker
120 g Mehl (Type 405)
25 g gemahlene Nüsse (Walnüsse oder Haselnüsse)

Für die Füllung

2 Pck. Vanillepuddingpulver
200 g Zucker
500 ml Milch
400 g weiche Butter
1 Pck. Vanillezucker
4 EL Aprikosenkonfitüre
gemahlene Nüsse zum Garnieren

1 Den Backofen auf 200° vorheizen. Das Backblech mit Backpapier auslegen. Für den Biskuitteig die Eier trennen. Die Eiweiße mit dem Zucker zu einem glänzenden, steifen Eischnee aufschlagen. Nach und nach die Eigelbe unterrühren. 4 EL Wasser und das Mehl mit den gemahlenen Nüsse unterheben.

2 Die Teigmasse auf das Backblech streichen (dabei auf möglichst gerade Ränder achten) und im Ofen (Mitte) 15–20 Min. backen (Stäbchenprobe machen). Der Boden sollte noch schön saftig sein, wenn man ihn herausnimmt. Auf ein Kuchengitter stürzen und auskühlen lassen. Ein sauberes angefeuchtetes Küchentuch auf das Backpapier des Biskuitbodens legen, dadurch lässt sich das Papier später gut ablösen.

3 Für die Füllung den Pudding nach Packungsanweisung zubereiten: Puddingpulver mit Zucker und etwas Milch anrühren. Übrige Milch aufkochen, das Puddingpulver einrühren und alles unter Rühren aufkochen. Den Pudding abkühlen lassen. Den Pudding in der Küchenmaschine oder mit den Quirlen des Handrührgeräts in einer Schüssel aufschlagen. Die Butter und den Vanillezucker dazugeben, die Masse schön schaumig aufschlagen.

4 Das Backpapier abziehen und den Biskuit gleichmäßig mit der Aprikosenkonfitüre bestreichen. Die Hälfte der Vanillecreme auf dem Boden verstreichen und den Biskuit vorsichtig kompakt aufrollen. Die Biskuitroulade rundherum mit der restlichen Creme bestreichen und mit gemahlenen Nüssen bestreuen. Vor dem Servieren etwa 3 Std. kühl stellen.

Gut zu wissen

Der Backofen muss sehr heiß sein, damit die Nussroulade nicht trocken wird, sonst kann man sie nicht so gut rollen. Bei allen Biskuitteigen sollte man darauf achten, dass der Ofen rechtzeitig vorgeheizt wird.

– VON OMA MONI –

EXPRESS-NUSSTORTE MIT ANANASSAHNE

Für 1 Springform (28 cm Ø, 12 Stücke) • 50 Min. Zubereitung • 45 Min. Backen

Für den Biskuit

8 Eier (M)
250 g Zucker
280 g gemahlene Haselnüsse

Für die Füllung

2 EL Puderzucker
500 g Sahne
1 Pck. Vanillezucker

Außerdem

evtl. Butter und Mehl für die Form
1 Dose Ananasstücke (340 g Abtropfgewicht)
Spritzbeutel mit Sterntülle

1 Nur den Springformboden einfetten und mit Mehl ausstreuen oder ihn mit Backpapier auslegen. Den Backofen auf 180° vorheizen. Für den Biskuitteig die Eier trennen. Die Eiweiße steif schlagen.

2 Die Eigelbe mit dem Zucker sehr schaumig rühren und die Nüsse unterheben. Den Eischnee unter die Eigelbmasse heben. Den Teig in die Form füllen, glatt streichen und im Ofen (Mitte) 45 Min. backen (Stäbchenprobe machen).

3 Den Biskuitboden herausnehmen und kurz abkühlen lassen. Mit einem Messer vorsichtig vom Formrand lösen, auf ein Kuchengitter stürzen und vollständig auskühlen lassen. Den ausgekühlten Boden zweimal waagerecht durchschneiden. Die Ananas in ein Sieb abgießen und sehr gut abtropfen lassen, 12 Ananasstückchen für die Garnitur beiseitelegen. Den Puderzucker sieben. Die Sahne mit Vanillezucker und Puderzucker steif schlagen.

4 Den ersten Biskuitboden auf eine Tortenplatte setzen, mit der Hälfte der Ananasstückchen belegen und mit einem Drittel der Sahne bestreichen. Den zweiten Boden daraufsetzen, mit den übrigen Ananasstückchen belegen und einem weiteren Drittel der Sahne bestreichen. Der dritte Boden daraufsetzen. Etwas Sahne in den Spritzbeutel füllen. Die Torte rundherum mit der übrigen Sahne bestreichen. Die Torte mit je zwölf Sahnetupfen und den beiseitegelegten Ananasstückchen verzieren.

Tipp

Während der ersten Hälfte der Backzeit die Backröhre besser nicht öffnen, damit der empfindliche Nussbiskuit keine kühle Zugluft bekommt und dann einfällt.

– VON OPA GÜNTER –

MARONI-TORTE MIT SCHOKO-GANACHE

Für 1 Springform (26 cm Ø, 12 Stücke) • 30 Min. Zubereitung • 50 Min. Backen

Für den Teig

300 g geschälte vorgegarte Maroni (Esskastanien)
4 Eier (M)
200 g weiche Butter
4 EL Honig
½ TL Vanillezucker
Salz
1 EL Dinkelmehl (Type 630) oder Mehl (Type 550)

Zum Garnieren

4 EL Mandelblättchen
50 g Zartbitterschokolade (ca. 50 % Kakaogehalt)
2 EL Sahne

Außerdem

Butter für die Form

1 Für den Teig die Maroni in einem Topf knapp mit Wasser bedeckt garen, bis sie sehr weich sind, dann abgießen, pürieren und abkühlen lassen. Den Backofen auf 190° vorheizen. Die Eier trennen. Die Butter mit dem Honig schaumig schlagen, nach und nach die Eigelbe hineinrühren. Dann den Vanillezucker, 1 Prise Salz und das Maroni-Püree untermengen.

2 Die Eiweiße steif schlagen und den Eischnee mit dem Mehl unter die Maroni-Masse heben. Die Springform einfetten, den Teig hineinfüllen und glatt streichen. Im Ofen (Mitte) 50 Min. backen (Stäbchenprobe machen).

3 Zum Garnieren die Mandelblättchen in einer Pfanne ohne Fett leicht anrösten und auskühlen lassen. Für die Ganache die Schokolade mit einem Messer klein hacken. Mit der Sahne in eine Schüssel geben, über einem heißen Wasserbad schmelzen lassen und durchrühren, bis die Masse homogen ist. Die lauwarme Torte dünn mit dieser Ganache bestreichen. Die Maroni-Torte mit den Mandelblättchen bestreuen und vollständig auskühlen lassen.

Kindheitserinnerung

Die Maroni erinnern mich an meine Kindheit. Mein Vater kam aus einer Gegend, in der viele Kastanien wuchsen, deshalb gab es zu jeder Gelegenheit Köstlichkeiten mit Maroni. Wir aßen sie nicht nur herzhaft als Beilage zu den Hauptgerichten, sondern auch als Süßigkeiten. Ganz besonders war die Kastanientorte mit dunkler Schokoladen-Ganache ein Genuss.

»Heute leb ich, morgen putz ich.«

Opa Günter wird bald 80 und möchte unbedingt noch was Neues lernen. Für ihn gibt es kein Älterwerden, sondern nur verschiedene Lebensphasen und jede Phase hat etwas Besonderes. Egal, ob man 20, 40 oder 70 ist. Hauptsache, man genießt bewusst die schönen Momente.

Wie jung fühlst du dich?

Ich sag ja immer: Wollen Sie wissen, wie alt ich mich fühle oder was in meinem Ausweis steht? Nächstes Jahr werde ich 80. Und wie 65, 70 fühle ich mich. Mein Vater wurde 93, das muss ich natürlich toppen. Er hat mit 80 noch die Tennisregeln gelernt, zu der Zeit war gerade der Boris Becker ganz groß. Die Tennisregeln kann ich schon, ich muss mir was anderes überlegen. Ich hatte einen Freund, der ist leider mit 88 gestorben. Wir haben immer gesagt, mit 90 fangen wir mit dem Golfen an, da müssen wir nicht so viel laufen.

Wann war das Leben am schönsten?

Das Leben ist irgendwie immer schön. Anfang 20 war eine tolle Zeit, oha, da ging die Post ab. Wir haben geheiratet, bei uns war immer Halligalli. 40 war auch ein schönes Alter. Da bin ich in der Firma so richtig aufgeblüht und habe viel gearbeitet. Aber das Wochenende war für die Familie reserviert. Sonntags um Punkt 9 Uhr war Familienfrühstück, komme, was wolle, auch wenn die Kinder am Vorabend bis 1 Uhr in der Disco waren. Jetzt mit 79 genieße ich das Leben immer noch sehr und erlebe jeden Tag was Neues. Man muss einfach positiv denken. Bei kleinen Ärgerlichkeiten sag ich mir immer: »Es gibt Schlimmeres.«

Wann hast du angefangen, über das Älterwerden nachzudenken?

Ich habe zum ersten Mal übers Älterwerden nachgedacht, als ich 62 war. Meine Frau und ich waren beruflich sehr aktiv. Dann haben wir ganz spontan beschlossen aufzuhören. Ich treffe Entscheidungen immer spontan. Am nächsten Tag in der Firma habe ich meinen Schlüssel abgegeben. Da hat ein neuer Lebensabschnitt angefangen. Am 18. August war das. Leider ging das neue Leben nicht sehr lang. Wir haben noch gefrühstückt und Pläne gemacht und drei Stunden später war's vorbei. Herzinfarkt ... Seitdem lebe ich bewusst. Ich mache nur noch Sachen, zu denen ich Lust habe. In meiner Küche hängt ein Schild, das sagt: »Heute leb ich, morgen putz ich.« Und es gibt ein chinesisches Sprichwort: Genieße den Tag, es ist später, als du denkst. Das sind jetzt meine Lebensmottos.

Was sind die Vorteile des Älterwerdens?

Ich genieße das Kürzertreten sehr und auch, dass ich nicht mehr so früh aufstehen muss, denn ein Frühaufsteher war ich noch nie und frühmorgens fühlte ich mich immer »krank«. Ich habe kein Auto mehr und fliege auch nicht mehr. Ich war viel unterwegs, habe die Welt gesehen, darauf habe ich jetzt keine Lust mehr. Früher in der Firma, in der wir Busse hergestellt haben, haben wir immer gesagt: Bus fahren ist was für alte Leute. Und jetzt sitze ich gerne im Bus.

Welche Klischees über das Älterwerden magst du gar nicht?

Dass man einsam wird. Das kann ich nicht nachvollziehen. Ich bin gerne allein, aber niemals einsam. Und ich brauche weder Gesundheitsschuhe noch Medikamente.

Welche Ratschläge hast du für die Jüngeren?

Ich gebe nicht gerne Ratschläge an Jüngere. Sie sollen selbst ihre Erfahrungen sammeln. Ich habe mir von den Älteren auch nichts sagen lassen. Ich würde nur sagen: Es gibt kein Älterwerden, sondern nur verschiedene Lebensphasen. Jede davon hat ihre schönen Seiten. Die Jugend, die Sturm- und Drangzeit, alles wild und frei. Je älter man wird, desto souveräner, ruhiger und enspannter wird man. Ich kann stolz sagen, ich habe jede Phase wirklich in vollen Zügen gelebt.

– VON OMA RENATE –

RUMBOMBE

Für 1 Springform (26 cm Ø, 12 Stücke) • 1 Std. Zubereitung • 25 Min. Backen • mind. 1 Std. Kühlen • 1–2 Tage Ruhen

Für den Biskuit

5 Eier (M)
200 g Zucker
Salz
200 g Mehl (Type 405)
50 g Speisestärke
1 TL Backpulver
150 ml Rum

Für die Creme

250 ml Milch
230 g Butter
100 g Zucker
1 Pck. Vanillezucker
2 Eier (M)

Außerdem

200 g Zartbitterkuvertüre (ca. 50% Kakaogehalt)

1 Den Backofen auf 180° vorheizen. Den Springformboden mit Backpapier auslegen. Für den Teig die Eier trennen. Die Eiweiße mit 1 EL Zucker und 1 Prise Salz steif schlagen. Die Eigelbe mit 2 EL heißem Wasser schaumig rühren. Den übrigen Zucker nach und nach einrühren, bis er sich aufgelöst hat.

2 Das Mehl mit der Speisestärke und dem Backpulver mischen und vorsichtig unter die Eigelbcreme heben. Danach den Eischnee unterheben. Den Teig in die Form füllen und den Biskuit im Ofen (Mitte) in 25 Min. goldgelb backen (Stäbchenprobe machen). Nach dem Backen auf ein Kuchengitter stürzen, das Papier abziehen und den Biskuit auskühlen lassen.

3 Den Biskuitboden im unteren Drittel einmal waagerecht durchschneiden. Den dünneren Boden auf eine Platte legen. Den übrigen Biskuit in 2–3 cm große Würfel schneiden, in eine Schüssel geben und mit Rum tränken: Die Biskuitwürfel sollen schön durchtränkt sein, aber nicht im Rum schwimmen.

4 Für die Creme Milch, 30 g Butter, Zucker, Vanillezucker und die Eier in einem Topf miteinander vermengen. Unter Rühren erhitzen und ca. 1 Min. kochen lassen. Den Topf anschließend in ein kaltes Wasserbad stellen und weiterrühren, bis die Creme abgekühlt ist.

5 Die übrige Butter cremig rühren und nach und nach die Eiercreme – sie sollte dieselbe Temperatur wie die Butter haben – unterrühren. Die getränkten Biskuitwürfel in die Buttercreme geben und unterheben. Dann kuppelartig auf dem Boden verteilen und die Rumbombe mind. 1 Std. kalt stellen.

6 Die Kuvertüre klein hacken und in einer Schüssel über einem warmen Wasserbad schmelzen lassen. Die Kuppeltorte mit der Kuvertüre überziehen. Die Rumbombe 1–2 Tage durchziehen lassen, damit sie ihr volles Aroma entwickeln kann. Nach Belieben mit Schlagsahne servieren.

– VON OMA IRMGARD –

KÄSESAHNETORTE

Für 1 Springform (26 cm Ø, 16 Stücke) • 1 Std. Zubereitung • 40 Min. Backen • mind. 3 Std. Kühlen

Für den Biskuit

65 g Butter
4 Eier (M)
150 g Zucker
1 Pck. Vanillezucker
100 g Mehl (Type 405)
100 g Speisestärke
2 gestr. TL Backpulver

Für die Füllung

2 Zitronen
6 Blatt weiße Gelatine
500 g Quark (20 % Fett i. Tr., möglichst Schichtkäse)
3 EL Milch
150 g Puderzucker
500 g Sahne

Außerdem

Puderzucker zum Bestäuben

1 Für den Biskuitteig die Butter in einem kleinen Topf schmelzen und leicht abkühlen lassen. Die Eier trennen. Die Eiweiße ganz steif schlagen, dabei 20 g Zucker einrieseln lassen. Die Eigelbe mit 3 EL heißem Wasser, dem restlichen Zucker und dem Vanillezucker zu einer hellcremigen Masse aufschlagen. Den Backofen auf 180° vorheizen.

2 Den Eischnee auf die Eigelbmasse geben. Das Mehl mit der Speisestärke und dem Backpulver mischen und darübersieben. Die flüssige Butter darübergießen und alles vorsichtig vermischen bzw. unterheben. Den Springformboden mit Backpapier belegen. Den Teig einfüllen und glatt streichen. Im Ofen (unten) in 30–40 Min. hellgelb backen (Stäbchenprobe machen).

3 Den Biskuit herausnehmen, auskühlen lassen, vorsichtig aus der Form lösen und auf ein Kuchengitter stürzen. Mit einem langen Messer oder mithilfe eines dicken Fadens einen etwa 2 cm dünnen Deckel waagerecht abschneiden. Den unteren dicken Teil in die Springform zurücklegen.

4 Für die Füllung die Zitronen auspressen. Die Gelatine 10 Min. in kaltem Wasser einweichen, tropfnass in einen kleinen Topf geben und bei mittlerer Hitze unter Rühren auflösen. Den Quark mit Milch, Puderzucker und dem Zitronensaft in einer Schüssel glatt rühren. Erst 3 EL Quarkmasse unter die Gelatine rühren, dann die Gelatine unter die restliche Quarkmasse schlagen. Die Sahne steif schlagen und behutsam unterheben.

5 Die Masse auf den Tortenboden in der Springform geben und glatt streichen, den dünnen Biskuitdeckel auflegen und etwas andrücken. Die Käsesahnetorte mind. 3 Std. kalt stellen. Vor dem Servieren die Käsesahnetorte aus der Form nehmen und mit Puderzucker bestäuben.

Tipp

Wenn ich für eine größere Familienfeier mehrere Kuchen und Torten zu backen hatte, war die Käsesahnetorte immer dabei, weil ich sie schon Tage vorher backen und einfrieren konnte. Kurz vorher aufgetaut und noch leicht kalt schmeckte die Käsesahnetorte immer besonders erfrischend.

– VON OMA ANNA –

HIMBEER-SCHOKOTORTE

Für 1 Springform (26 cm Ø, 12 Stücke) • 1 Std. Zubereitung • 25 Min. Backen • 30 Min. Kühlen

Für den Schokobiskuit

8 Eier (M)
220 g Zucker
2 TL Backpulver
220 g Mehl (Type 405)
2 EL ungesüßtes Kakaopulver
20 g Zartbitter-Schokoladenraspel

Für die Füllung

3 EL Zucker
1 EL Speisestärke
200 g TK-Himbeeren
6 Blatt weiße Gelatine
800 g Sahne
1 Pck. Sahnesteif
200 g Frischkäse
100 g Puderzucker
1 EL Himbeergeist (ersatzweise Himbeersirup)

Außerdem

Zartbitter-Schokoladenraspel zum Garnieren
ca. 100 g Himbeeren

1 Den Backofen auf 170° vorheizen. Den Springformboden mit Backpapier auslegen. Für den Teig die Eier mit dem Zucker schaumig schlagen. Das Backpulver in 4 EL Wasser auflösen und in die Eiermasse geben. Das Mehl mit dem Kakao mischen, auf die Eiermischung sieben und unterheben, zuletzt die Raspelschokolade unter den Teig mengen.

2 Den Biskuitteig in die vorbereitete Form füllen und glatt streichen. Im Ofen (Mitte) 20–25 Min. backen (Stäbchenprobe machen). Aus der Form auf ein Kuchengitter stürzen und vollständig auskühlen lassen.

3 Für die Füllung 200 ml Wasser in einem Topf mit dem Zucker und der Speisestärke vermengen. Dann einmal aufkochen lassen und vom Herd nehmen. Die Himbeeren in die Mischung geben, abkühlen lassen und kalt stellen.

4 Die Gelatine in kaltem Wasser einweichen, ausdrücken und in einem kleinen Topf bei kleiner Hitze unter Rühren auflösen. Die Sahne mit dem Sahnesteif steif schlagen. Den Frischkäse mit dem Puderzucker in einer weiteren Schüssel verrühren, dann die angedickten Himbeeren untermengen. Etwas Sahne unter die Gelatine rühren, dann die Gelatinemasse unter die geschlagene Sahne heben. Die Sahnemasse mit dem Himbeergeist abschmecken und unter die Frischkäsemasse heben.

5 Den Biskuitboden zweimal waagerecht durchschneiden. Auf den unteren Boden etwa ein Viertel der Himbeercreme geben und verstreichen. Den zweiten Boden daraufsetzen und ein weiteres Viertel der Crememasse darauf verteilen. Den letzten Boden daraufsetzen und leicht andrücken. Die Torte rundherum mit der übrigen Creme einstreichen. Die Raspelschokolade an den Tortenrand drücken. Die Himbeeren verlesen, waschen und trocken tupfen. Die Torte 30 Min. kühl stellen. Dann mit Himbeeren garniert servieren.

Tipp
Die Himbeer-Schokotorte am besten schon einen Tag vorher backen. Essen Kinder mit, den Himbeergeist unbedingt durch Himbeersirup ersetzen!

– VON OMA ANNI –

TORTE HIMBEERLI MIT LEMON CURD

Für 1 Tortenring (22 cm Ø, 12 Stücke) • 1 Std. 10 Min. Zubereitung • 15 Min. Backen • 3 Std. Kühlen

Für den Biskuit

1 Bio-Zitrone
4 Eier (M)
110 g Zucker
1 Prise Salz
90 g Mehl (Type 405)
3 EL Speisestärke
60 g flüssige Butter

Für die Creme

3–4 Stiele Majoran
75 ml Milch
6 EL Zucker
5 Blatt weiße Gelatine
3 Eigelb
375 g Quark (20 % Fett i. Tr.)
1 Msp. gemahlene Vanille
Salz
450 g Sahne

Außerdem

400 g Himbeeren
Öl und Zucker für den Tortenring
4 EL Lemon Curd (englische Zitronencreme)
Puderzucker zum Bestäuben
Himbeeren und Majoran zum Garnieren

1 Backofen auf 190° (Umluft) vorheizen. Auf drei Stück Backpapier je einen Kreis mit 22 cm Ø zeichnen. Die Zitrone heiß waschen, abtrocknen und 2 Msp. Schale abreiben. Die Eier trennen. Die Eiweiße mit Zucker und Salz steif schlagen. Die Eigelbe verquirlen und mit 1 Msp. Zitronenschale unter den Eischnee ziehen (übrige Zitronenschale für die Creme beiseitestellen). Mehl und Stärke mischen, daraufsieben und mit der Butter unterziehen. Je ein Teigdrittel auf einen Backpapierkreis geben, glatt streichen, auf Backbleche oder Gitter ziehen und zusammen im Ofen in 10–15 Min. leicht gebräunt backen. Herausnehmen und auskühlen lassen.

2 Für die Füllung den Majoran waschen und trocken tupfen. Die Milch mit dem Zucker aufkochen, den Majoran dazugeben und abgedeckt einige Minuten ziehen lassen. Den Majoran wieder aus der Milch entfernen. Die Gelatine in kaltem Wasser einweichen.

3 Die Eigelbe in einer Schüssel mit einem Schneebesen verquirlen. Die heiße Milch unter ständigem Rühren dazugießen. Die Gelatine gut ausdrücken und in der Eiermilch auflösen. Quark, Vanillemark, übrige Zitronenschale und 1 Prise Salz untermischen und kühl stellen. Die Sahne steif schlagen und unter die gelierende Quarkmasse heben. Die Himbeeren verlesen, bei Bedarf behutsam waschen und trocken tupfen.

4 Einen Biskuitboden auf eine Tortenplatte legen. Den Tortenring leicht ölen, mit Zucker ausstreuen und um den Biskuitboden herumstellen. Den Biskuit im Ring mit 2 EL Lemon Curd bestreichen und mit der Hälfte der Himbeeren belegen. Die Hälfte der Quarkmasse darauf verteilen. Den zweiten Boden darauflegen, ebenfalls mit Lemon Curd und Himbeeren belegen. Die restliche Quarkmasse darauf verteilen und glatt streichen.

5 Den dritten Boden in zwölf Tortenstücke vorschneiden oder die Stücke mit einem Messer markieren und auf die Quarkschicht legen. Die Torte 2–3 Std. kühl stellen. Vor dem Servieren mit Puderzucker bestäuben und mit Himbeeren und Majoranzweigen verzieren.

– VON OMA MONA –

SCHOKO-ERDBEER-TRÜMMERTORTE

Für 1 Torte (26 cm Ø, 12 Stücke) • 1 Std. Zubereitung • 25 Min. Backen • 1 Std. Kühlen

Für den Rührteig und die Baiser-Masse

1 Bio-Zitrone
150 g weiche Butter
250 g Zucker
5 Eier (M)
Salz
170 g Mehl (Type 405) oder Dinkelmehl (Type 630)
2 TL Backpulver
2 EL ungesüßtes Kakaopulver
3–4 EL Milch

Für die Füllung

500 g Sahne
1 EL Sahnesteif
500 g Erdbeeren

Außerdem

2 Springformen (à 26 cm Ø)
Butter für die Formen

1 Den Backofen auf 150° (Umluft) vorheizen. Für den Rührteig die Zitrone waschen, abtrocknen und ½ TL Schale abreiben. Die Butter mit 100 g Zucker schaumig schlagen. 4 Eier trennen. Die Eiweiße für die Baiser-Masse beiseitestellen. Die 4 Eigelbe und das ganze Ei einzeln nacheinander unter die Buttermasse rühren. 1 Prise Salz und die Zitronenschale untermengen.

2 Mehl und Backpulver mischen, über die Masse sieben und unterrühren. Den Kakao und die Milch hinzugeben und alles zu einem glatten Teig verarbeiten. Den Teig beiseitestellen. Für die Baiser-Masse die Eiweiße sehr gut steif schlagen, dabei nach und nach den restlichen Zucker einrieseln lassen. Weiterschlagen, bis der Eischnee fest ist und glänzend aussieht.

3 Die Formen einfetten und den Rührteig darauf verteilen. Jeweils die Hälfte des Eischnees auf den Rührteigen verteilen und die Böden im Ofen 25 Min. backen. Stäbchenprobe machen, es soll kein Teig mehr hängen bleiben und die Baiser-Haube nicht zu dunkel sein. Beide Böden auskühlen lassen.

4 Für die Füllung die Sahne steif schlagen, dabei das Sahnesteif einrieseln lassen. Die Erdbeeren waschen, putzen, trocken tupfen und klein schneiden. Unter die Sahne heben. Die Masse auf einem Kuchenboden verteilen und den zweiten Boden daraufsetzen. Die Torte vor dem Servieren 1 Std. kühl stellen.

Tauschtipp
Man kann den Kuchen auch mit vielen anderen Früchten zubereiten, wie mit Johannisbeeren, Heidelbeeren, Himbeeren oder Stachelbeeren.

– VON OMA RENATE –

JOGHURTTORTE MIT ERDBEEREN

Für 1 Springform (24 cm Ø, 12 Stücke) • 1 Std. Zubereitung • 20 Min. Backen • 2 Std. 30 Min. Kühlen

Für den Teig

100 g weiche Butter
80 g Zucker
1 Pck. Vanillezucker
1 Ei (M)
100 g Mehl (Type 405)
½ TL Backpulver

Für die Füllung

9 Blatt weiße Gelatine
600 g Joghurt (3,5 % Fett)
30 g Schmand
90 g Zucker
400 g Erdbeeren
3 EL Erdbeerkonfitüre

1 Die Springform mit Backpapier auslegen. Den Ofen auf 180° vorheizen. Für den Teig die Butter schaumig rühren. Zucker, Vanillezucker und Ei zugeben und so lange rühren, bis der Zucker sich gelöst hat. Das Mehl mit dem Backpulver mischen, über die Buttermischung sieben und unterrühren.

2 Den Teig in die vorbereitete Springform geben, glatt streichen und im Ofen (Mitte) 20 Min. backen (Stäbchenprobe machen). Den Tortenboden nach dem Backen herausnehmen, auf ein Kuchengitter stürzen, das Backpapier entfernen und den Boden auskühlen lassen.

3 Für die Füllung die Gelatine etwa 10 Min. in kaltem Wasser einweichen. Dann leicht ausdrücken und in einem kleinen Topf bei kleiner Hitze verflüssigen. Joghurt, Schmand und Zucker in einer Schüssel miteinander verrühren. Einige Löffel Joghurtcreme unter die aufgelöste Gelatine rühren, dann die Gelatine unter die übrige Creme rühren. Die Creme 30 Min. kalt stellen.

4 Inzwischen einen Tortenring um den ausgekühlten Tortenboden legen. Die Erdbeeren waschen, putzen und trocken tupfen. Etwa 12 Beeren zum Garnieren beiseitestellen. Die übrigen Beeren halbieren. Den Tortenboden mit Erdbeerkonfitüre bestreichen. Von den halbierten Erdbeeren etwa die Hälfte unter die Creme ziehen.

5 Etwa ein Drittel der Erdbeer-Joghurt-Creme auf dem Tortenboden verteilen und bis zum Rand streichen. Die restlichen halbierten Erdbeeren mit der Schnittfläche nach außen darauf am Rand des Rings platzieren. Die restliche Creme hineingeben, verteilen und glatt streichen. Die Torte im Kühlschrank mindestens 2 Std. oder am besten über Nacht fest werden lassen. Zum Servieren die beiseitegelegten Erdbeeren nach Belieben halbieren oder ganz lassen und dekorativ auf die Torte streuen.

Tipp

Wenn man keinen Tortentrenner zur Hand hat, kann man Biskuitböden auch mit (nicht gewachster und geschmacklich neutraler) Zahnseide durchschneiden.

– VON OMA MONA –

GLUTENFREIE EIERLIKÖRTORTE

Für 1 Springform (26 cm Ø, 16 Stücke) • 1 Std. Zubereitung • 35 Min. Backen

Für den Mandelbiskuit
5 Eier (M)
200 g Zucker
200 g gemahlene Mandeln
3 EL ungesüßtes Kakaopulver
½ TL Backpulver

Für den Belag
500 g Sahne
2 Pck. Sahnesteif
1 Pck. Vanillezucker
175 ml Eierlikör
2 EL Zartbitter-Schokoladenraspel

1 Den Backofen auf 200° vorheizen. Den Springformboden mit Backpapier auslegen. Für den Mandelbiskuit die Eier mit dem Zucker zu einer cremigen Masse schlagen. Die gemahlenen Mandeln, den Kakao und das Backpulver mischen und unter die Eiermasse heben.

2 Den Biskuitteig in die vorbereitete Form geben, glatt streichen und im Ofen (Mitte) 25–35 Min. backen (Stäbchenprobe machen). Den fertigen Biskuit aus dem Ofen nehmen, kurz abkühlen lassen, dann auf ein Kuchengitter stürzen und ganz auskühlen lassen.

3 Inzwischen die Sahne schlagen, dabei das Sahnesteif und den Vanillezucker nach und nach einrieseln lassen. Die Sahne gleichmäßig auf dem Biskuitboden verteilen. Den Eierlikör auf die Sahne geben und zu einem glatten Spiegel verstreichen. Mit den Schokoladenraspeln bestreuen.

Dekotipp
Man kann auch ein wenig Sahne beiseitestellen und, nachdem der Eierlikör aufgetragen wurde, 16 Sahnetupfen auf die Torte setzen.

– VON OMA MONA –

BUCHWEIZEN-PREISELBEERTORTE

Für 1 Springform (26 cm Ø, 12 Stücke) • 1 Std. 30 Min. Zubereitung • 45 Min. Backen • mind. 1 Std. Kühlen

Für den Biskuit
4 Eier (M)
150 g Zucker
100 g Dinkelmehl (Type 630)
80 g Buchweizenmehl
1 Pck. Backpulver

Für die Füllung
1 kg Sahne
3 Pck. Sahnesteif
1 Glas Preiselbeeren (250 g)

Außerdem
Fett und Mehl für die Form
Spritzbeutel mit mittlerer Sterntülle

1 Den Ofen auf 180° vorheizen. Den Springformboden einfetten und mit Mehl ausstreuen. Für den Teig die Eier trennen. Die Eiweiße mit 50 ml kaltem Wasser steif schlagen, dabei 100 g Zucker einrieseln lassen. Die Eigelbe mit dem restlichen Zucker schaumig schlagen und den Eischnee unterheben.

2 Beide Mehle mit dem Backpulver mischen, auf die Eischneemasse sieben und vorsichtig unterheben. Den Teig in die vorbereitete Form füllen, glatt streichen und im Ofen (Mitte) 40–45 Min. backen (Stäbchenprobe machen). Den Boden herausnehmen, auf ein Kuchengitter stürzen und auskühlen lassen. Dann einmal waagerecht durchschneiden.

3 Für die Füllung die Sahne mit Sahnesteif steif schlagen. Die Preiselbeeren vorsichtig untermischen. Auf einem Boden zwei Drittel der Füllung verstreichen und mit dem zweiten Boden abdecken. Von der übrigen Füllung knapp die Hälfte in den Spritzbeutel geben. Die Torte mit der restlichen Füllung bestreichen. Zwölf Tupfen auf die Torte spritzen und die Buchweizen-Preiselbeertorte anschließend mind. 1 Std. kalt stellen.

Variante: Schoko-Preiselbeertorte
Man kann diese Torte auch mit Schoko-Preiselbeercreme machen, das schmeckt ebenso hervorragend. Dazu 500 g Zartbitterschokolade klein hacken, in 1 l Sahne in einem Topf bei kleiner Hitze schmelzen lassen. Über Nacht kalt stellen, dann aufschlagen und mit den Preiselbeeren mischen.

– VON OMA BARBARA –

ZUGER KIRSCHTORTE

Für 1 Torte (26 cm Ø, 12 Stücke) • 1 Std. 20 Min. Zubereitung • 1 Std. Backen • 15 Min. Kühlen • 1–2 Tage Ruhen

Für die Japonais-Böden

3 frische Eiweiß (M)
Salz
80 g Zucker
30 g gemahlene Haselnüsse
50 g gemahlene Mandeln
1 EL Speisestärke

Für die Creme

350 ml Milch
1 Pck. Sahnepuddingpulver
40 g Zucker
3 EL Kirschwasser
200 g Butter
1 TL Rote-Bete-Saft (ersatzweise einige Tropfen rote Lebensmittelfarbe)

Für den Kirschsirup

4 EL Zucker
50 ml Kirschwasser

Außerdem

2 Springformen (à 26 cm Ø)
1 Biskuitboden (26 cm Ø; Fertigprodukt oder selbst gemacht)
4–5 EL Mandelblättchen
Puderzucker zum Bestäuben

1 Die Springformböden mit Backpapier belegen. Backofen auf 100° (Umluft) vorheizen. Für die Japonais-Böden die Eiweiße mit 1 Prise Salz steif schlagen, dabei den Zucker einrieseln lassen, dann die Haselnüsse, Mandeln und Speisestärke vorsichtig unterziehen. Die Masse auf die vorbereiteten Formen verteilen, glatt streichen und zusammen im Ofen etwa 1 Std. backen (Stäbchenprobe machen). Die Japonais-Böden vorsichtig auf je ein Kuchengitter stürzen und das Backpapier abziehen. Auskühlen lassen.

2 Für die Creme 5 EL Milch mit dem Puddingpulver glatt rühren. Die restliche Milch mit dem Zucker aufkochen. Angerührtes Puddingpulver einrühren und aufkochen. Das Kirschwasser unterrühren und die Masse in eine Schüssel füllen. Mit Frischhaltefolie abdecken und abkühlen lassen.

3 Inzwischen die Butter cremig weiß aufschlagen. Esslöffelweise die erkaltete Puddingmasse unterrühren und mit dem Rote-Bete-Saft leicht rosa färben. Für den Kirschsirup 100 ml Wasser mit dem Zucker aufkochen. Abkühlen lassen und das Kirschwasser unterrühren.

4 Einen Japonais-Boden mit der Oberseite nach unten auf eine Kuchenplatte legen und mit etwa einem Viertel der Buttercreme bestreichen. Den Biskuitboden darauflegen, den Kirschsirup darüberträufeln und sofort mit einem weiteren Viertel der Creme bestreichen. Den zweiten Japonais-Boden darauflegen und leicht andrücken. Die Torte rundherum mit der restlichen Buttercreme bestreichen und 15 Min. kühl stellen.

5 Die Mandelblättchen in einer kleinen Pfanne goldgelb rösten, auskühlen lassen und den Tortenrand damit bestreuen. Auf der Tortenoberfläche mit einer langen, heißen Messerklinge ein Rautenmuster einschneiden. Die Torte im Kühlschrank 1–2 Tage ziehen lassen. Kurz vor dem Servieren die Zuger Kirschtorte leicht mit Puderzucker bestäuben.

Tipp

Am allerbesten schmeckt die Zuger Kirschtorte nicht ganz frisch, sondern nach einigen Tagen – sie lässt sich also ganz wunderbar vorbereiten.

– VON OMA ANNI –

SCHWARZWÄLDER KIRSCHTORTE

Für 1 Springform (28 cm Ø, 16 Stücke) • 1 Std. Zubereitung • 30 Min. Backen • mind. 2 Std. Kühlen

Für den Schokobiskuit
150 g Mehl (Type 405)
15 g ungesüßtes Kakaopulver
50 g Mandelblättchen
1 TL Backpulver
60 g Butter
5 Eier (M)
100 g Zucker

Für die Tränke und die Füllung
160 ml Kirschwasser
Puderzucker nach Geschmack
100 ml Kirschsaft
10 g Speisestärke
500 g abgetropfte Kirschen aus dem Glas (oder frische Kirschen)
4 Blätter weiße Gelatine
1 kg Sahne
90 g Zucker

Außerdem
Fett für die Form
Spritzbeutel mit mittlerer Sterntülle
70 g Zartbitterkuvertüre (ca. 50 % Kakaogehalt)
16 frische oder Belegkirschen

1 Den Backofen auf 180° vorheizen. Den Springformboden einfetten. Für den Schokobiskuit das Mehl mit dem Kakaopulver, den Mandelblättchen und dem Backpulver vermischen. Die Butter in einer Kasserolle schmelzen lassen. Die Eier und den Zucker über einem Wasserbad schaumig rühren. Vom Wasserbad nehmen und die Zucker-Eier-Mischung mit einem Rührgerät weiter aufschlagen, bis sie ganz fest wird.

2 Die Mehlmischung unter die Zucker-Eier-Mischung heben, dann die flüssige Butter behutsam untermischen. Den Teig in die Form geben und im Ofen (Mitte) 30 Min. backen (Stäbchenprobe machen). Den Biskuit auf ein Kuchengitter stürzen und auskühlen lassen.

3 Das Biskuit einmal waagerecht durchschneiden. Für die Tränke 80 ml Kirschwasser nach Geschmack mit 5 EL Wasser und etwas Puderzucker nach Geschmack vermischen. Den unteren Biskuitteil auf eine Platte legen, mit der Hälfte der Kirschwassermischung tränken und einen Tortenring darum herumstellen. Für die Füllung den Kirschsaft mit der Speisestärke aufkochen. Die Kirschen untermischen, dann alles auskühlen lassen und auf dem unteren Boden verteilen. (Frische Kirschen entsteinen, nicht mit Stärke binden, sondern direkt auf dem Boden verteilen.)

4 Die Gelatine in kaltem Wasser einweichen. Die Sahne mit dem Zucker aufschlagen. Die Gelatine kurz ausdrücken und bei mittlerer Hitze in einem kleinen Topf in übrigen Kirschwasser auflösen. Die Gelatinemischung unter die Sahne rühren und in den Spritzbeutel füllen. Die Kuvertüre mit einer Teigkarte in feine Späne schaben.

5 Die Hälfte der Sahne auf den mit Kirschen belegten Boden spritzen und verstreichen. Die Hälfte der Schokospäne darauf verstreuen. Den zweiten Schokobiskuitboden auflegen und die restliche Kirschwassermischung aufpinseln. Den Tortenring abnehmen. Von der übrigen Sahne einen kleinen Teil für die Deko beiseitestellen. Die restliche Sahne rundherum auf die Torte spritzen und glatt streichen. Mit der beiseitegestellten Sahne 16 Rosetten aufspritzen und mit je 1 Kirsche belegen. In der Mitte und auf den Rand der Torte die übrigen Schokospäne verteilen und die Schwarzwälder Kirschtorte vor dem Servieren mindestens 2 Std. kühl stellen.

Tipp

Den Alkohol für die Tortentränke immer mit Wasser verdünnen und evtl., je nach Geschmack, auch etwas Puderzucker dazugeben. Damit vermeidet man »Alkoholnester« in den Biskuitböden und die Torte erhält eine harmonische Alkoholnote.

– VON OMA ANGELIKA –

BESCHWIPSTE APFEL-EIERLIKÖR-TORTE

Für 1 Springform (26 cm Ø, 16 Stücke) • 1 Std. Zubereitung • 30 Min. Kühlen • 1 Std. Backen • mind. 2 Std. oder über Nacht Ruhen

Für den Mürbeteig

250 g Mehl (Type 405)
1 TL Backpulver
100 g Butter (ersatzweise Margarine)
1 Ei (M)

Für die Apfelmasse

2 Pck. Vanillepuddingpulver
750 ml Weißwein
1 kg Äpfel (z. B. Boskop)
250 g Zucker
400 g Sahne
4 EL Eierlikör

Außerdem

Butter und Mehl für die Form

1 Den Backofen auf 180° vorheizen. Den Springformboden einfetten und mit Mehl ausstreuen. Für den Mürbeteig das Mehl mit dem Backpulver, der Butter und dem Ei verkneten. Den Teig rund und in Größe der Form ausrollen und den Boden der Springform damit auslegen (keinen Rand formen). Den Teig in der Form 30 Min. kühl stellen.

2 Für die Apfelmasse das Puddingpulver mit 5 EL Wein glatt rühren. Die Äpfel schälen, vierteln, das Kerngehäuse entfernen und die Äpfelviertel fein schneiden. Die Äpfel in einen Topf geben, mit dem restlichen Wein und dem Zucker mischen und aufkochen. Das angerührte Vanillepuddingpulver dazugeben und unterrühren. Die Apfel-Pudding-Masse unter Rühren nochmals aufkochen. Den Topf vom Herd nehmen und die Apfelmasse abkühlen lassen.

3 Die Apfelmasse auf den Teig in der Form geben und die Torte im Ofen (Mitte) etwa 1 Std. backen. Aus dem Ofen nehmen und die Torte mind. 2 Std., aber am besten über Nacht auskühlen und durchziehen lassen.

4 Die Sahne steif schlagen, mittig auf die Torte geben und mit einem Löffel verstreichen, sodass außen ein ca. 4 cm breiter Rand der Torte frei bleibt. Die Sahne mit dem Eierlikör beträufeln und die Torte servieren.

– VON OMA ANGELIKA –

RHABARBERTORTE

Für 1 Springform (26 cm Ø, 16 Stücke) • 45 Min. Zubereitung • 30 Min. Backen • 8 Std. Kühlen

Für den Belag

750 g rosa Rhabarber
1 Bio-Zitrone
210 g Zucker
6 Blatt weiße Gelatine
6 Blatt rote Gelatine
375 g Sahne
2 TL Vanillezucker

Für den Mürbeteig

125 g Mehl (Type 405)
40 g Zucker
20 g Kokosraspel
75 g Margarine
4 EL Johannisbeerkonfitüre (ersatzweise Himbeerkonfitüre)

Für den Biskuit

2 Eier (M)
65 g Zucker
50 g Mehl (Type 405)
25 g Speisestärke

Außerdem

Butter für die Form
Mehl zum Arbeiten

1 Für den Belag den Rhabarber waschen, putzen, dabei evtl. die Haut abziehen, und den Rhabarber in Stücke schneiden. Die Zitrone heiß waschen, abtrocknen und 1 TL Schale fein abreiben. Den Rhabarber mit der Zitronenschale und 200 g Zucker aufkochen und dann bei kleiner Hitze 5 Min. köcheln lassen. Bei Bedarf evtl. noch etwas Wasser dazugeben, damit der Rhabarber nicht am Topfboden ansetzt.

2 Weiße und rote Gelatine zusammen in kaltem Wasser einweichen. Das heiße Rhabarberkompott in eine Schüssel geben, die ausgedrückte Gelatine unter Rühren darin auflösen, dann alles abkühlen lassen. Inzwischen den Backofen auf 200° vorheizen. Den Springformboden mit Butter einfetten.

3 Für den Mürbeteig das Mehl mit dem Zucker und den Kokosraspeln mischen, die Margarine in Stücken zugeben und alles rasch mit den Knethaken des Handrührgeräts zu einem Teig verkneten. Den Teig auf wenig Mehl rund und in Größe der Form ausrollen und den Boden der Form damit auslegen. Den Teig im Ofen (Mitte) 15 Min. backen.

4 Inzwischen für den Biskuit die Eier trennen. Die Eigelbe mit 2 EL warmem Wasser und dem Zucker schaumig schlagen. Das Mehl und die Speisestärke mischen und über die Eigelbmasse sieben. Die Eiweiße zu steifem Eischnee schlagen und auf die Eigelbmasse geben. Alles vorsichtig unterziehen.

5 Die Konfitüre mit 1 TL Wasser glatt rühren und den noch warmen Mürbeteigboden damit bestreichen. Anschließend die Biskuitmasse daraufgeben und gleichmäßig verteilen. Im Ofen (Mitte) 15 Min. backen (Stäbchenprobe machen). Herausnehmen und abkühlen lassen.

6 Die Sahne mit übrigem Zucker und Vanillezucker steif schlagen und unter das gelierende Rhabarberkompott ziehen. Den Tortenboden auf einen Kuchenteller heben und mit dem Springformrand oder einem Tortenring umschließen. Die Rhabarbersahne auf den Boden geben und glatt streichen. Die Torte zugedeckt im Kühlschrank in 8 Std. fest werden lassen.

Tipp

Am besten rosa Rhabarber nehmen – der ist viel milder im Aroma als sein grüner Verwandter! Das Rhabarberkompott unbedingt als Erstes machen, es braucht Zeit, um abzukühlen.

– VON OMA INGE –

KOKOSCREMETORTE

Für 1 Springform (26 cm Ø, 12 Stücke) • 1 Std. Zubereitung • 30 Min. Backen • über Nacht Ruhen

Für den Biskuit

5 Eier (M)
175 g Zucker
1 Pck. Vanillezucker
170 g Mehl (Type 405)
½ Pck. Backpulver
125 g Kokosraspel

Für die Füllung

200 g Kokosraspel
1 Pck. Vanillepuddingpulver
500 ml Milch
180 g Butter
70 g Zucker
2 EL Rum

Außerdem

Butter für die Form

1 Den Backofen auf 175° vorheizen. Den Springformboden einfetten. Für den Biskuit die Eier trennen. Die Eiweiße zu Eischnee schlagen. Die Eigelbe mit 5 EL warmem Wasser schaumig schlagen. Dabei den Zucker und den Vanillezucker einrieseln lassen. Den Eischnee unter die Eigelbmasse heben.

2 Das Mehl mit dem Backpulver mischen und auf die Eiermasse sieben. Die Kokosraspel hinzufügen und alles locker vermischen. Den Teig in die Form geben und im Ofen (Mitte) 30 Min. backen (Stäbchenprobe machen). Den Biskuit aus dem Ofen nehmen, auf ein Kuchengitter stürzen und über Nacht auskühlen lassen.

3 Für die Füllung die Kokosraspel in einer Pfanne ohne Fett leicht anrösten. Auskühlen lassen. Den Vanillepudding nach Packungsanweisung mit Milch und ohne Zucker zubereiten. Den fertigen Pudding in eine Schüssel umfüllen, mit Frischhaltefolie direkt auf der Oberfläche abdecken, damit sich keine Haut bildet, abkühlen lassen und kalt stellen.

4 Die Butter mit dem Zucker schaumig schlagen und nach und nach den ausgekühlten Pudding hinzufügen. Die Hälfte der Kokosraspel mit dem Rum unter die Buttercreme rühren. Den ausgekühlten Biskuitboden zweimal waagerecht durchschneiden, sodass drei Böden entstehen.

5 Einen Boden auf eine Tortenplatte setzen und mit einem Drittel der Kokoscreme bestreichen. Den zweiten Tortenboden aufsetzen und mit einem weiteren Drittel Creme bestreichen. Mit dem dritten Tortenboden abdecken und die gesamte Torte rundherum mit der restlichen Kokoscreme bestreichen. Mit den übrigen gerösteten Kokosraspeln rundherum bestreuen.

Gut zu wissen

Wichtig ist, dass der Biskuitboden wirklich komplett ausgekühlt ist, sonst verläuft die Creme. Ich backe den Boden deshalb auch gern schon einen Tag früher, dann lässt er sich außerdem auch viel leichter schneiden!

– VON OPA GÜNTER –

BANANEN-SCHOKO-TORTE

Für 1 Springform (26 cm Ø, 12 Stücke) • 30 Min. Zubereitung • 20 Min. Backen • 8 Std. Kühlen

Für den Schokobiskuit

3 Eier (M)
1 TL Vanillezucker
75 g Zucker
45 g Mehl (Type 550)
20 g ungesüßtes Kakaopulver

Für den Belag

3 Blatt weiße Gelatine
200 g Sahne
1 Vanilleschote
1 Zitrone
50 g Zucker
200 g Crème fraîche
3 große reife Bananen

Für die Glasur

100 g Sahne
100 g Zartbitterkuvertüre (ca. 50 % Kakaogehalt)
30 g Nugat

Außerdem

Butter für die Form

1 Den Backofen auf 170° vorheizen. Den Springformboden einfetten. Für den Biskuit die Eier trennen. Die Eigelbe mit dem Vanillezucker schaumig schlagen. Die Eiweiße zu Eischnee schlagen, dabei den Zucker einrieseln lassen. Den Eischnee unter die Eigelbmasse heben. Das Mehl mit dem Kakao über die Eiermasse sieben und vorsichtig unterheben. Den Biskuitteig in die Form füllen und im Ofen (Mitte) 15–20 Min. backen (Stäbchenprobe machen). Dann herausnehmen und auskühlen lassen.

2 Während der Kuchen bäckt, die Gelatine in kaltem Wasser einweichen. Die Sahne steif schlagen. Die Vanilleschote der Länge nach aufschlitzen und das Mark herauskratzen. Die Zitrone auspressen. Den Zucker mit Zitronensaft und Vanillemark in einen kleinen Topf geben, leicht erhitzen und die ausgedrückte Gelatine darin unter Rühren auflösen. 1 EL Crème fraîche in die Gelatinemasse einrühren. Dann die Gelatine in einer Schüssel mit der restlichen Crème fraîche verrühren. Anschließend die geschlagene Sahne unterheben.

3 Den ausgekühlten Biskuit aus der Form lösen, umdrehen und mit einem Tortenring auf einer Tortenplatte platzieren. Die Bananen schälen und in 2–3 cm dicke Scheiben schneiden. Die Bananenscheiben auf dem Biskuitboden verteilen. Die Creme über die Bananen geben und glatt streichen. Die Torte im Kühlschrank 8 Std., am besten über Nacht, kalt stellen.

4 Für die Glasur die Sahne aufkochen und vom Herd nehmen. Die Kuvertüre klein hacken und unterrühren, dann den Nugat hinzufügen, alles glatt rühren. Die Glasur über den Tortenbelag geben und glatt streichen. Erkalten lassen und die Bananen-Schoko-Torte mit einem heißen Messer (das Messer z. B. unter heißes Wasser halten) vorsichtig vom Tortenring lösen.

Tipp

Die Bananen-Schoko-Torte lässt sich wunderbar bereits am Vortag vorbereiten, wenn am nächsten Tag Besuch ansteht. Sie hat dann ein wenig mehr Zeit durchzuziehen und schmeckt sogar noch besser!

TRENDIG & AUS ALLER WELT

Omas können nicht modern und innovativ sein? Von wegen! Die Kuchentratsch-Omas und -Opas kreieren unwiderstehliche vegane Kuchen, bunte Trendtorten und interpretieren nationale und internationale Klassiker neu.

– VON OMA PAULA –

VEGANER ROTE-BETE-SCHOKOKUCHEN

Für 1 Gugelhupfform (26 cm Ø, 12 Stücke) • 25 Min. Zubereitung • 50 Min. Backen

300 g vorgegarte Rote Beten (vakuumverpackt)
200 ml neutrales Pflanzenöl (z. B. Sonnenblumenöl)
300 g Mehl (Type 405)
3 gestr. TL Backpulver
100 g ungesüßtes Kakaopulver
150 g gemahlene Mandeln
250 g Zucker
150 ml Sojadrink

Außerdem
Öl für die Form
150 g vegane Zartbitterkuvertüre (ca. 50 % Kakaogehalt)

1 Die Gugelhupfform dünn mit Öl einfetten. Den Backofen auf 170° vorheizen. Die Roten Beten trocken tupfen, grob würfeln und in eine größere Rührschüssel geben. Das Öl dazugeben und die Mischung mit einem Stabmixer nach und nach möglichst fein pürieren.

2 Das Mehl mit dem Backpulver und dem Kakao vermengen und die Mischung zum Rote-Bete-Püree sieben. Die Mandeln, den Zucker und den Sojadrink nach und nach hinzufügen und alles zu einem glatten Teig verrühren. Den Teig in die vorbereitete Form füllen und im Ofen (Mitte) 50 Min. backen (Stäbchenprobe machen). Den Kuchen herausnehmen, aus der Form auf ein Kuchengitter stürzen und abkühlen lassen.

3 Zum Glasieren die Kuvertüre mit einem Messer grob hacken und in eine Schüssel geben. Über einem warmen Wasserbad bei kleiner Hitze schmelzen, dabei gelegentlich durchrühren. Den Kuchen mit der flüssigen Kuvertüre überziehen. Die Glasur fest werden lassen.

Dekotipp
Besonders hübsch sehen getrocknete Blüten, z. B. blaue Kornblumenblüten, auf dem Kuchen aus. Die findet man bei Gewürzhändlern.

– VON OPA GÜNTER –

ZUCCHINIKUCHEN

Für 1 Springform (26 cm Ø, 12 Stücke) • 30 Min. Zubereitung • 1 Std. Backen

Für den Teig
300 g Zucchini
3 Eier (M)
300 g Zucker
1 Pck. Vanillezucker
Salz
150 ml neutrales Pflanzenöl (z. B. Sonnenblumenöl)
75 g gehackte Mandeln
75 g Rum-Rosinen
¾ TL Nelkenpulver
1 TL Zimtpulver
1 TL Piment
350 g Mehl (Type 550)
1 TL Backpulver
1 TL Natron

Für das Topping
1 Zitrone (nach Belieben)
300 g Frischkäse
100 g Puderzucker
1 TL Vanillezucker

Außerdem
Fett und Mehl oder gemahlene Mandeln für die Form

1 Den Backofen auf 180° vorheizen. Die Springform einfetten, mit Mehl oder gemahlenen Mandeln ausstreuen. Für den Teig die Zucchini waschen, trocken tupfen, putzen und mit der Schale in grobe Raspel reiben.

2 Die Eier mit dem Zucker, Vanillezucker und ¾ TL Salz schaumig schlagen. Dann nach und nach das Öl hinzufügen. Mandeln, Rosinen und Zucchini, Nelke, Zimt und Piment unterrühren. Das Mehl mit dem Backpulver und Natron mischen, auf die Eier-Zucchini-Mischung sieben und unterrühren.

3 Die Masse in die Form füllen und im Ofen (Mitte) 1 Std. backen (Stäbchenprobe machen). Aus dem Ofen nehmen. Den Zucchinikuchen in der Form kurz abkühlen lassen, dann auf ein Gitter stürzen und ganz auskühlen lassen.

4 Für das Topping nach Belieben die Zitrone auspressen. Den Frischkäse mit dem Puderzucker, Vanillezucker und 3–4 EL Zitronensaft verrühren. Die Oberfläche des Zucchinikuchens mit dem Frischkäse-Topping bestreichen. Statt das Topping kann man den Kuchen nur mit Puderzucker bestäuben.

Gut zu wissen
Gemüse im Kuchen? Klingt total außergewöhlich, schmeckt aber super. Der Kuchen ist gekühlt etwa 3–4 Wochen haltbar und wird dabei sogar saftiger.

– *VON OMA BARBARA* –

BANANENBROT

Für 1 Kastenform (30 cm Länge, 15 Stücke) • 10 Min. Zubereitung • 50 Min. Backen

5 mittelgroße sehr reife Bananen
3 Eier (M)
200 g Zucker
1 Pck. Vanillezucker
Salz
125 ml Rapsöl
500 g Dinkelmehl (Type 630)
1 Pck. Backpulver

Außerdem
Fett und Semmelbrösel für die Form

1 Den Backofen auf 180° vorheizen. Die Kastenform einfetten und mit Semmelbröseln ausstreuen. Überschüssige Brösel abklopfen. Die Bananen schälen und mit dem Pürierstab zerkleinern oder mit einer Gabel zerdrücken.

2 Die Eier mit dem Zucker, Vanillezucker und 1 Prise Salz zu einer schaumigen Masse aufschlagen. Dann das Öl so lange unterrühren, bis es gut aufgenommen wurde. Das Mehl mit dem Backpulver mischen und über die Masse sieben. Das Bananenpüree dazugeben und alles gut miteinander verrühren.

3 Den Teig in die Form füllen und im Ofen (Mitte) 40–50 Min. backen (Stäbchenprobe machen). Das Bananenbrot aus dem Ofen holen und 10 Min. in der Form ruhen lassen. Dann den Kuchen vorsichtig aus der Form stürzen und auf einem Kuchengitter vollständig auskühlen lassen.

Tipp

Das Rezept lässt sich schnell abwandeln – geschmacklich und optisch. Entweder mit verschiedenen Zutaten wie mit Nüssen in ganzer oder gehackter Form, Schokolade, frischen oder getrockneten Früchten. Oder mit verschiedenen Backformen. (Bei einem Muffinblech die Backzeit etwas verkürzen.)

– VON OPA GÜNTER –

GLUTENFREIER MANDELKUCHEN

Für 1 Springform (20 cm Ø, 10 Stücke) • 30 Min. Zubereitung • 55 Min. Backen

2 Orangen
3 Eier (M)
125 g Zucker
130 g gemahlene Mandeln
2 TL Backpulver
Salz

Außerdem
evtl. Fett für die Form
Mandelblättchen zum Garnieren
3 EL Aprikosenkonfitüre

1 Den Backofen auf 180° vorheizen. Die Springform einfetten oder mit Backpapier auslegen. 1 Orange mit dem Messer schälen, sodass keine weiße Fruchthaut mehr anhängt, und in dünne Scheiben schneiden. Die andere Orange halbieren und den Saft auspressen.

2 Die Eier mit dem Zucker schaumig rühren. Den Orangensaft, die Mandeln, das Backpulver und 1 Prise Salz hinzufügen und alles zu einem glatten Teig verrühren. Den Teig in die Form geben. Die Orangenscheiben auf dem Teig verteilen. Den Kuchen im Ofen (Mitte) 55 Min. backen (Stäbchenprobe machen), dann herausnehmen und abkühlen lassen. Den glutenfreien Mandelkuchen am besten erst aus der Form lösen, wenn er vollständig ausgekühlt ist.

3 Mandelblättchen in einer Pfanne ohne Fett goldgelb rösten. Die Aprikosenkonfitüre in einem kleinen Topf erhitzen und durch ein Sieb streichen (oder mit dem Stabmixer glatt pürieren). Den Kuchen mit der Konfitüre bepinseln und mit den Mandelblättchen bestreuen. Trocknen lassen.

– VON OMA MARION –

ZITRONENTARTE

Für 1 Tarteform (26 cm Ø, 12 Stücke) • 1 Std. Zubereitung • 2 Std. Kühlen • 45 Min. Backen

Für den Mürbeteig
1 Bio-Zitrone
125 g Butter
100 g Puderzucker
Salz
1 Msp. gemahlene Vanille
1 Ei (M)
250 g Mehl (Type 405)

Für die Zitronencreme
3 Bio-Zitronen
4 Eier (M)
180 g Zucker
45 g weiche Butter

Für die Meringue
3 Eiweiß (M)
Salz
100 g Zucker
½ TL Backpulver

Außerdem
Fett für die Form
Mehl zum Arbeiten
getrocknete Hülsenfrüchte zum Blindbacken

1 Für den Mürbeteig die Zitrone heiß waschen, abtrocknen und die Schale fein abreiben. Mit Butter, Puderzucker, 1 Prise Salz, Vanille, Ei und Mehl in einer Schüssel mischen und mit den Knethaken des Handrührgeräts rasch zu einem glatten Mürbeteig verkneten. Den Teig abgedeckt 2 Std. kalt stellen. Den Backofen auf 200° vorheizen. Die Tarteform einfetten. Den Mürbeteig auf wenig Mehl 3 mm dick ausrollen. Die Form damit auskleiden und auch einen Rand formen. Den Teigboden mit einer Gabel mehrfach einstechen, mit Backpapier belegen und mit den Hülsenfrüchten beschweren.

2 Den Teig im Ofen (Mitte) 15–20 Min. vorbacken. Dann herausnehmen, das Backpapier mit den Hülsenfrüchten vorsichtig entfernen und den Teig etwa 5 Min. weiterbacken. Aus dem Ofen nehmen und den Mürbeteigboden in der Form auf einem Kuchengitter auskühlen lassen. Die Backofentemperatur inzwischen auf 130° reduzieren.

3 Für die Zitronencreme die Zitronen heiß waschen, trocken reiben und die Schale fein abreiben (oder dünn abschälen und fein hacken). Die Zitronen anschließend auspressen, es sollten ca. 190 ml Saft sein. Die Eier mit dem Zucker, dem Zitronensaft und der Zitronenschale mischen und unter ständigem Rühren in einem Topf erhitzen. Sobald die Creme anzieht und glatt und dickflüssig wird, vom Herd nehmen und die Butter unterrühren. Die noch warme Creme auf den Mürbeteigboden gießen. Die gefüllte Tarte im Ofen (Mitte) 10–15 Min. backen, bis die Creme gestockt ist.

4 Inzwischen für die Meringue die Eiweiße mit 1 Prise Salz steif schlagen. Dabei nach und nach den Zucker und das Backpulver einrieseln lassen und weiterschlagen, bis die Meringuemasse glänzt. Mit einem Esslöffel die Meringue in Wolken auf der noch heißen Tarte verteilen. Die Meringue im Ofen (Mitte) auf Sicht in etwa 5 Min. leicht bräunen. Die Zitronentarte herausnehmen und vollständig abkühlen lassen.

Tipp

Die Tarte vor dem Anschneiden unbedingt auf Zimmertemperatur abkühlen lassen, dann kann man sie schön sauber in Stückchen schneiden.

– VON OMA IRMGARD –

ERDBEER-MINZE-TORTE

Für 1 Springform (28 cm Ø, 12 Stücke) • 40 Min. Zubereitung • 20 Min. Backen

Für den Schokobiskuit
4 Eier (M)
125 g Zucker
1 Pck. Vanillezucker
50 g Mehl (Type 405)
50 g Speisestärke
30 g ungesüßtes Kakaopulver
½ gestr. TL Backpulver

Für die Creme
500 g Mascarpone
3 EL Zucker
1 Bund Minze

Außerdem
500 g Erdbeeren
Puderzucker zum Bestäuben
Minze zum Garnieren

1 Den Backofen auf 200° vorheizen. Den Springformboden mit Backpapier auslegen. Für den Schokobiskuit die Eier trennen. Die Eiweiße mit den Quirlen des Handrührgeräts sehr steif schlagen, dabei 50 g Zucker einrieseln lassen und nochmals kurz durchschlagen. In einer zweiten Schüssel die Eigelbe mit 4 EL warmem Wasser, dem übrigen Zucker und dem Vanillezucker so lange schlagen, bis eine dickliche, hellschaumige Masse entstanden ist.

2 Den Eischnee auf die Eigelbmasse geben. Das Mehl mit der Speisestärke, dem Kakao und dem Backpulver mischen und über die Eiermasse sieben. Alles vorsichtig vermengen und den Biskuitteig in die Form füllen. Im Ofen (Mitte) 15–20 Min. backen (Stäbchenprobe machen), dann herausnehmen. Direkt nach dem Backen die Teigränder sofort mit einem scharfen Messer lösen. Den Biskuit abkühlen lassen und auf eine runde Tortenplatte legen.

3 Für die Creme den Mascarpone mit dem Zucker in einer Schüssel cremig rühren. Die Minze abbrausen und trocken schütteln. Die Blätter abzupfen, in feine Streifen schneiden und unter die Mascarponecreme rühren. Die Creme auf dem Tortenboden verteilen und glatt streichen.

4 Die Erdbeeren waschen, Blätter entfernen und die Früchte mit der Spitze nach oben auf die Torte setzen: Dabei die größeren außen und die kleineren in der Mitte anordnen. Vor dem Servieren die Erdbeer-Minze-Torte leicht mit Puderzucker bestäuben und mit frischen Minzblättchen garnieren.

Tipp
Die Erdbeeren vorsichtig waschen: lieber in einer Schüssel mit Wasser kurz schwenken und keinen harten Brausestrahl verwenden. Wenn die Torte nicht gleich verzehrt wird, sollten die Erdbeerstücke vor dem Belegen kurz in Tortenguss getaucht werden. So sehen die Früchte länger frisch aus und glänzen schön.

kuchentratsch

»Wenn zwei griesgrämige Menschen zusammenkommen, die nicht über sich selbst lachen können – dann wird es schwierig!«

Liebe und Beziehung waren früher etwas anders als heute. Aber Oma Irmgard glaubt, dass Kompromisse, Geduld und Vertrauen nach wie vor die wichtigsten Zutaten für eine glückliche Beziehung sind. Und eine gute Portion Humor darf auch nicht fehlen.

Wie lief das Dating damals?
Zu meiner Zeit lernte man Jungs meist im näheren Umfeld kennen. Wir haben uns untereinander »verkuppelt«. Oder wir gingen zum »Schwofen«, also zum Tanzen. Das war damals noch Paartanz und wir Mädchen mussten warten, bis wir von den Jungen aufgefordert wurden. Einmal hieß es: Damenwahl! Da durften wir Mädchen die Jungen auffordern. So entstanden viele Freundschaften und auch Liebesbeziehungen.

Und wie war es bei dir?
Mit 15 ging ich in die Tanzstunde und bekam von meinem Tanzpartner meinen ersten Kuss. Aber wir waren kein Paar. Mit 16 kam ich auf eine private Handelsschule. Dort habe ich meinen ersten Freund kennengelernt. Er hatte einen Motorroller. Ich war dort im Internat und wir hatten nur zwei Stunden frei nach dem Mittagessen. Da sind wir mit dem Roller abgehauen. Das bedeutete für mich ein Stückchen Freiheit und die anderen haben mich beneidet. Meine große Liebe war das aber nicht.

Wer war dann deine erste große Liebe?
Er war ein Student in Tübingen, den ich auf einer studentischen Veranstaltung kennengelernt habe. Ich fand ihn damals noch ein bisschen grün hinter den Ohren, weil er das Leben nicht so ernst nahm. Ein furchtbar lustiger und liebenswerter Kerl! Vielleicht wären wir heute noch zusammen, wenn er was anderes studiert hätte! Mein Vater bestand darauf, dass ich einen Ingenieur heirate, damit der Fortbestand seines Maschinenbaubetriebs gesichert war. Meine große Liebe musste ich mit einem Abschiedsbrief vor den Kopf stoßen, was mir sehr wehgetan hat. Irgendwann nach vielen Jahren hatten wir wieder Kontakt. Seitdem schreiben wir uns sogar ein- bis zweimal im Jahr.

Wie hast du den Liebeskummer überstanden?
Gegen Liebeskummer hilft überhaupt nichts. Ich habe viel geweint. Man muss es so nehmen, wie es ist, und muss langsam darüber hinwegkommen.

Hielten Beziehungen früher länger als heute?
Ja, man trennte sich nicht so schnell. In meiner Ehe gab es sehr schöne, aber auch sehr schwierige Zeiten. Und es gab genug Gründe auseinanderzugehen, aber ebenso Gründe zusammenzubleiben. Ich habe in meiner Ehe gelernt, flexibel zu sein. Mein Mann hat mich durch seine Spontaneität oft ins kalte Wasser geworfen, aber so habe ich mich mit der Zeit freigeschwommen. Einmal habe ich Geld von meinen Eltern bekommen. Wir wollten damit einen Bausparvertrag abschließen. Und was hat er gemacht? Ein einmotoriges Flugzeug gekauft! Da hätte ich mich von ihm trennen können. Aber was habe ich gemacht? Ich habe mich mit ins Flugzeug gesetzt und bin mit ihm rumgedüst.

Was ist deiner Meinung nach das Geheimnis einer glücklichen Beziehung?
Eine gute Portion Humor. Ich glaube, wenn zwei griesgrämige Menschen zusammenkommen, die nicht über sich selbst lachen können – dann wird es schwierig! Dazu muss man Kompromisse eingehen können, sollte Geduld haben und sich gegenseitig Vertrauen schenken.

– VON OMA MILENA –

WINDBEUTELTORTE

Für 1 Springform (28 cm Ø, 16 Stücke) • 45 Min. Zubereitung • 25 Min. Backen • 8 Std. Kühlen

Für den Biskuit
3 Eier (L)
120 g Zucker
1 Pck. Vanillezucker
Salz
100 g Mehl (Type 405)
50 g Speisestärke
1 gehäufter TL Backpulver

Für die Füllung
400 g Sahne
3 Pck. Sahnesteif
400 g Schmand
6 EL Gelierzucker 1:1
2 Pck. Mini-Windbeutel mit Vanillegeschmack (500 g; TK oder selbst gemacht)

Für den Guss
1 Zitrone
2 Blatt weiße Gelatine
350 g rote Grütze (Fertigprodukt)

1 Den Backofen auf 180° vorheizen. Den Springformboden mit Backpapier auslegen. Für den Biskuit die Eier trennen. Die Eigelbe mit 3 EL heißem Wasser schaumig rühren. Den Zucker und Vanillezucker dazugeben und so lange aufschlagen, bis sich alle Zuckerkristalle vollständig aufgelöst haben und die Masse hellgelb cremig geworden ist.

2 Die Eiweiße mit 1 Prise Salz sehr steif schlagen und auf die Eigelbmasse geben. Das Mehl mit der Speisestärke und dem Backpulver mischen, daraufsieben und alles vorsichtig mit dem Schneebesen unterheben. Den Biskuitteig in die Form geben, glatt streichen und sofort im Ofen (Mitte) in ca. 25 Min. hell backen (Stäbchenprobe machen). Dann aus dem Ofen und aus der Form nehmen und auf einem Kuchengitter vollständig abkühlen lassen. Den ausgekühlten Biskuit einmal waagerecht durchschneiden.

3 Für die Füllung die Sahne steif schlagen, dabei das Sahnesteif nach Packungsanweisung einrieseln lassen. Den Schmand vorsichtig mit dem Schneebesen unter die Sahne heben und zum Schluss den Gelierzucker unterrühren.

4 Den unteren Biskuitboden auf eine Tortenplatte setzen und einen Tortenring darum herumlegen. Etwas Sahne-Schmand-Masse auf dem Biskuitboden verteilen, die gefrorenen oder selbst gemachten Windbeutel daraufsetzen und mit der restlichen Sahne-Schmand-Masse bestreichen. Den oberen Biskuitboden daraufsetzen und behutsam andrücken.

5 Für den Guss die Zitrone auspressen. Die Gelatine nach Packungsanweisung einweichen. Dann mit 2 EL roter Grütze erwärmen und darin auflösen. 1 EL kalte Grütze und 3 EL Zitronensaft untermischen, dann alles unter die übrige rote Grütze rühren und das Ganze als Guss auf dem oberen Biskuitboden verteilen. Die Windbeuteltorte vor dem Servieren etwa 8 Std. kalt stellen.

Tipp
Den Gelierzucker kann man auch durch normalen Zucker und etwas Zitronensaft ersetzen. Und den Rote-Grütze-Guss kann man statt Gelatine mit Instant-Gelatine oder Tortenguss zubereiten.

– VON OMA MONA –

GLUTENFREIE HEIDELBEER-QUARKTORTE

Für 1 Springform (28 cm Ø, 12 Stücke) • 1 Std. Zubereitung • 30 Min. Backen • mind. 3 Std. Kühlen

Für den Mandelbiskuit

3 Eier (M)
125 g Zucker
1 Pck. Vanillezucker
125 g gemahlene Mandeln
25 g Speisestärke

Für den Belag

250 g frische oder TK-Heidelbeeren
2 Pck. roter Tortenguss
6 EL Zucker
1 Bio-Zitrone
500 g Magerquark
140 g Zucker
10 Blatt weiße Gelatine
500 g Sahne

Außerdem

100 g Heidelbeeren und einige Minzblätter für die Deko

1 Den Backofen auf 175° vorheizen. Den Springformboden mit Backpapier auslegen, der Rand der Springform sollte fettfrei sein. Für den Biskuit die Eier mit dem Zucker und Vanillezucker schaumig rühren. Die Mandeln und die Stärke hinzufügen und behutsam unterheben.

2 Den Teig in die Form füllen und im Ofen (Mitte) 25–30 Min. backen (Stäbchenprobe machen). Herausnehmen, den Biskuit auf ein Kuchengitter stürzen und auskühlen lassen. Ein feuchtes Tuch für einige Minuten über das Backpapier legen, damit sich das Backpapier gut ablösen lässt, dann das Papier abziehen. Um den Kuchenboden einen Tortenring legen.

3 Die Heidelbeeren mit 100 ml Wasser zum Kochen bringen. Den Tortenguss und den Zucker einrühren, kurz aufkochen und andicken lassen. Die Heidelbeermasse auf dem Biskuitboden verteilen und auskühlen lassen.

4 Die Zitrone heiß waschen, abtrocknen, die Schale fein abreiben und den Saft auspressen. Den Quark mit Zucker, Zitronensaft und -schale verrühren. Die Gelatine in etwas kaltem Wasser einweichen. Die Sahne steif schlagen und anschließend vorsichtig unter den Quark heben.

5 Die Gelatine ausdrücken und in einem kleinen Topf bei kleiner Hitze auflösen. 1 EL Quarkmasse dazugeben und gut verrühren. Dann die Gelatinemasse unter den übrigen Quark rühren. Die Quarkmasse auf die Torte geben, glatt streichen und mind. 3 Std., am besten aber über Nacht, kalt stellen. Für die Deko die Heidelbeeren und die Minzblätter waschen, behutsam trocken tupfen und die Torte damit garnieren.

Tauschtipp

Schmeckt auch sehr lecker mit Himbeeren statt Heidelbeeren und mit Mascarpone statt Quark.

– VON OMA ANNI –

HIMBEER-BAISER-TORTE

Für 1 Torte (26 cm Ø, 16 Stücke) • 1 Std. 30 Min. Zubereitung • 1 Std. Backen • über Nacht Ruhen

Für das Baiser
6 Eiweiß (M)
180 g Zucker
150 g Puderzucker
20 g Speisestärke

Für die Füllung
500 g Himbeeren
60 g Puderzucker
6 Blatt weiße Gelatine
500 g Sahne
4 EL Himbeergeist (ersatzweise Himbeersirup)

Für die Deko
100 g Himbeeren
100 g Zartbitterkuvertüre (ca. 50 % Kakaogehalt)

Außerdem
Spritzbeutel mit mittlerer Lochtülle und feiner Spritztülle

1 Auf drei Bogen Backpapier je einen Kreis mit 26 cm Ø aufzeichnen und die Bogen umgedreht auf Backbleche legen. Für das Baiser die Eiweiße mit den Quirlen des Handrührgeräts zu lockerem Eischnee aufschlagen. Dann auf höchster Stufe weiterschlagen und dabei den Zucker einrieseln lassen. So lange schlagen, bis sich der Zucker aufgelöst hat und der Eischnee steif und glänzend ist. Den Puderzucker und die Speisestärke darübersieben und unterheben. Backofen auf 100° (Umluft) vorheizen.

2 Die Baiser-Masse portionsweise in den Spritzbeutel füllen. Auf die Backpapiere für die Baiser-Böden jeweils von der Mitte aus spiralförmig je einen Kreis in der markierten Größe aufspritzen. Oder das Baiser mit einem Löffel »wolkenhaft« auftragen. Alle drei Böden zusammen im Ofen 1 Std. backen und danach über Nacht im Ofen vollständig trocknen lassen.

3 Am nächsten Tag für die Füllung Himbeeren verlesen, waschen und trocken tupfen. Den Puderzucker in einem Topf bei kleiner Hitze schmelzen, aber nicht braun werden lassen. 250 g Himbeeren dazugeben und unter Rühren köcheln lassen, bis sich der Karamell ganz aufgelöst hat. Die Masse durch ein Sieb streichen und kalt stellen.

4 Für die Himbeersahne die Gelatine in etwas kaltem Wasser einweichen. Die Sahne steif schlagen. Den Himbeergeist leicht erwärmen und die ausgedrückte Gelatine darin auflösen. Etwas Sahne unterziehen, dann die Gelatinemasse unter die restliche Sahne heben. Anschließend erst die kalte Himbeermasse und danach die übrigen Himbeeren unterheben.

5 Für die Deko die Himbeeren verlesen, waschen und trocken tupfen. Die Baiser-Böden auf einer Tortenplatte im Wechsel mit je einem Drittel der Himbeersahne aufeinanderschichten. Die oberste Sahneschicht mit den Himbeeren belegen. Die Kuvertüre grob hacken und über einem heißen Wasserbad schmelzen lassen. Großzügig mit einer Gabel oder mit einem Spritzbeutel mit einer sehr feinen Spritztülle Kuvertüre in Fäden über die Torte ziehen, sie darf auch an der Seite hinablaufen. Kuvertüre fest werden lassen und servieren.

– VON OMA ANNA –

SCHOKOSAHNE-NAKED-CAKE

Für 1 Springform (26 cm Ø, 16 Stücke) • 1 Std. Zubereitung • 30 Min. Backen • über Nacht Kühlen

Für den Schokobiskuit
8 Eier (M)
220 g Zucker
2 TL Backpulver
230 g Mehl (Type 405)
2 EL ungesüßtes Kakaopulver
20 g Zartbitter-Schokoladenraspel

Für die Füllung
300 g Zartbitterschokolade (mind. 50 % Kakaogehalt)
800 g Sahne

Außerdem
200 g Zartbitterkuvertüre (ca. 50 % Kakaogehalt)
Spritzbeutel mit großer Lochtülle
gemischtes Obst und Beeren nach Wahl, z. B. Granatapfelkerne, Himbeeren, Brombeeren, Heidelbeeren

1 Den Backofen auf 190° vorheizen. Den Springformboden mit Backpapier auslegen. Für den Schokobiskuit die Eier trennen und die Eiweiße mit dem Zucker steif schlagen, bis eine feste, glänzende Masse entstanden ist. Nach und nach die Eigelbe unterrühren.

2 Das Backpulver in 4 EL Wasser auflösen und unter die Eiermasse mischen. Zuletzt das Mehl mit dem Kakao mischen, auf die Eiermasse sieben und mit der Raspelschokolade unterheben. Den Teig in die Form füllen und glatt streichen. Im Ofen (Mitte) 25–30 Min. backen (Stäbchenprobe machen). Herausnehmen und auskühlen lassen.

3 Für die Füllung die Schokolade grob zerteilen. Die Sahne mit der zerkleinerten Schokolade unter Rühren aufkochen und glatt rühren. Die Masse abkühlen lassen und über Nacht zugedeckt in den Kühlschrank stellen.

4 Am nächsten Tag den Schokobiskuit einmal waagerecht durchschneiden. Die Schokosahne wie frische Sahne aufschlagen. Die Kuvertüre grob hacken und in einer Schüssel über einem heißen Wasserbad schmelzen lassen.

5 Einen Biskuitboden auf eine Tortenplatte legen. Die Schokosahne in den Spritzbeutel füllen (oder in einen Gefrierbeutel füllen, bei dem man eine Ecke abschneidet) und in großen Tupfen auf den Biskuitboden spritzen.

6 Den zweiten Biskuitboden mit der glatteren, schöneren Seite nach oben auf die Torte setzen. Mit der geschmolzenen Kuvertüre überziehen, dabei darf die Schokolade ruhig an einigen Stellen etwas nach unten tropfen. Den Naked Cake mit frischem Obst oder mit Beeren garnieren.

Tipp
Am besten bereitet man den Naked Cake am Vortag vor. Der Biskuitboden hält sich sehr gut und die Schokocreme braucht genügend Zeit zum Ruhen.

– VON OMA ANNI –

PFIRSICH-HOLLER-CHARLOTTENTORTE

Für 1 Springform (24 cm Ø, 12 Stücke) • 1 Std. 45 Min. Zubereitung • 30 Min. Backen • mind. 3 Std. 30 Min. Kühlen

Für den Mürbeteig
150 g Mehl (Type 405)
50 g Zucker
Salz
1 Eigelb (M)
80 g Butter

Für den Biskuit
4 Eier (M)
Salz
75 g Zucker
125 g Mehl (Type 405)
1 gestr. TL Backpulver

Für die Füllung und Garnitur
5 EL Aprikosenkonfitüre (ersatzweise Pfirsichkonfitüre)
8 Blatt weiße Gelatine
6 mittelgroße Pfirsiche
1 Bio-Zitrone
250 g Mascarpone
300 g Joghurt (3,5 % Fett)
ca. 125 ml Holunderblütensirup
Puderzucker (nach Belieben)
200 g Sahne

Außerdem
Mehl zum Arbeiten

1 Für den Mürbeteig alle Zutaten und 1 EL Wasser glatt verkneten. In Folie wickeln und 30 Min. kalt stellen. Ein Backblech mit Backpapier auslegen. Ofen auf 200° vorheizen. Für den Biskuit die Eier trennen. Eiweiße mit 1 Prise Salz steif schlagen, dabei den Zucker einrieseln lassen. Eigelbe unter den Eischnee ziehen. Mehl und Backpulver mischen, über die Eiermasse sieben und unterrühren. Biskuitmasse auf dem Blech verteilen. Im Ofen (Mitte) ca. 15 Min. backen (Stäbchenprobe machen). Biskuit mit dem Papier auf ein Gitter ziehen und unter einem feuchten Küchentuch 5 Min. auskühlen lassen.

2 Den Springformboden mit Backpapier auslegen. Den Mürbeteig auf etwas Mehl ausrollen, den Boden der Form damit auslegen. Den Teig mit einer Gabel einige Male einstechen. Im Ofen (Mitte) in 12–15 Min. goldgelb backen. Aus der Form lösen und auf einem Kuchengitter auskühlen lassen. Für die Füllung die Konfitüre durch ein Sieb streichen, 1 EL Konfitüre beiseitestellen. Das Backpapier vom Biskuit lösen, den Biskuit gleichmäßig mit der übrigen Konfitüre bestreichen, kompakt aufrollen und zugedeckt beiseitestellen.

3 Die Gelatine in kaltem Wasser einweichen. Den Mürbeteigboden auf eine Tortenplatte setzen und mit der beiseitegestellten Konfitüre bepinseln. Den Boden mit einem Tortenring umschließen. Die Biskuitrolle in 1,5 cm dicke Scheiben schneiden. Damit den Mürbeteigboden belegen und den Formenrand auskleiden. 4 Pfirsiche mit kochend heißem Wasser überbrühen, die Haut abziehen. Das Fruchtfleisch fein würfeln.

4 Zitrone heiß waschen, abtrocknen, Schale abreiben und Saft auspressen. Mascarpone mit Joghurt, Sirup, Zitronensaft und -schale verrühren. Eventuell mit Puderzucker nachsüßen. Die Gelatine ausdrücken, bei kleiner Hitze auflösen und etwas Creme unterrühren. Gelatine unter die übrige Creme schlagen, kurz kühl stellen. Sahne steif schlagen. Sobald die Creme geliert, Sahne und Pfirsichstücke unterziehen. Die Creme in der mit Biskuit ausgelegten Form verteilen. Mit Folie abdecken und mindestens 3 Std. kühl stellen.

5 Den Tortenring von der Torte lösen. Die übrigen Pfirsiche waschen, trocken tupfen, halbieren, den Stein entfernen und die Pfirsiche in feine Spalten schneiden. Die Pfirsich-Holler-Charlottentorte damit garnieren.

Für diese Torte nehme ich immer meinen selbst gemachten Holunderblütensirup.

1 Für den Mürbeteig häufe ich alle Zutaten auf die Arbeitsfläche und hacke sie mit einem Messer durch, bis sich Krümel ergeben. Die knete ich dann rasch von Hand zusammen.

2 Während der Mürbeteig kühlt, mache ich den Biskuit. Schön glatt aufs Blech streichen, damit die Roulade glatt wird!

3 Den gekühlten Mürbeteig rolle ich auf Größe der Form aus. Vor dem Backen steche ich ihn mehrfach mit der Gabel ein, damit er sich nicht aufwölbt.

4 Die fertig gebackene Biskuitplatte wird mit Konfitüre bestrichen und dann mithilfe eines Küchentuchs kompakt aufgerollt. So darf der Biskuit erst mal ruhen.

5 Auf den Mürbeteig kommt die übrige Konfitüre. Die Rouladenscheiben stelle ich an die Wand des Tortenrings und belege auch den Mürbeteigboden damit.

6 Für die Creme häute ich die Pfirsiche. Wenn man sie kurz überbrüht und dann abschreckt, lässt sich ihre Haut ganz leicht abziehen.

7 Die Pfirsich-Holler-Creme geliere ich mit aufgelöster Gelatine. Ich rühre erst einige Löffel Creme unter die Gelatine und dann die Gelatine unter die übrige Creme, so gibt es keine Klümpchen.

8 Die fertige Creme wird schön gleichmäßig auf dem Tortenboden verteilt. Dann decke ich die Torte mit Frischhaltefolie ab und stelle sie mind. 3 Std. kalt.

– VON OMA MILENA –

REGENBOGENTORTE

Für 1 Torte (18 cm Ø, 16 Stücke) • 2 Std. Zubereitung • 15 Min. Backen (pro Boden) • über Nacht Ruhen

Für den Teig
1 Bio-Zitrone
225 g weiche Butter
240 g Zucker
1 Pck. Vanillezucker
4 Eier (M)
300 g Mehl (Type 405)
4 gestr. TL Backpulver
2 EL Milch
5 Lebensmittelfarben, z. B. grün, blau, lila, rot und gelb (Gelfarbe bzw. Paste)

Für die Creme
100 g weiße Kuvertüre
500 g Sahne
2 Pck. Sahnesteif
1 Pck. Zuckerstreusel

Außerdem
1 Springform (18 Ø cm)

1 Den Backofen auf 180° vorheizen. Den Springformboden mit Backpapier auslegen. Für den Teig die Zitrone heiß waschen, abtrocknen und 1 TL Schale abreiben. Die Butter cremig hell schlagen, dabei den Zucker einrieseln lassen. Den Vanillezucker, die Zitronenschale und nach und nach die Eier unterrühren. Das Mehl mit dem Backpulver mischen und über den Teig sieben. Die Milch hinzugeben und alles miteinander verrühren.

2 Den Teig zum Einfärben in fünf gleich große Portionen teilen und jede Portion in eine eigene Schüssel füllen. Zu jeder Teigportion eine andere Lebensmittelfarbe (Menge je nach gewünschtem Farbton) hinzufügen und den Teig (mit jeweils einem sauberen Löffel) zu einer glatten Masse verrühren.

3 Die erste Teigportion in die Form füllen, glatt streichen und in ca. 15 Min. im Ofen (Mitte) leicht gebräunt backen (Stäbchenprobe machen). Herausnehmen, mit einem Messer vom Rand lösen, auf ein Kuchengitter stürzen und abkühlen lassen. Inzwischen den Boden der Form mit einem neuen Backpapier belegen, die nächste Teigportion einfüllen und backen. So fortfahren, bis alle Teigportionen gebacken sind. Wenn man mehrere Springforme hat, kann man die Böden bei 160° (Umluft) gleichzeitig backen. Die fertigen Böden zugedeckt über Nacht erkalten lassen.

4 Für die Creme die weiße Kuvertüre grob hacken und in einer Schüssel über einem Wasserbad bei kleiner Hitze vorsichtig schmelzen lassen, dabei gelegentlich durchrühren. Die Kuvertüre anschließend mindestens 10 Min. abkühlen lassen. Inzwischen die Sahne steif schlagen, dabei das Sahnesteif einrieseln lassen. Dann vorsichtig die Kuvertüre unterheben.

5 Den grünen Boden auf eine Tortenplatte legen und 2 EL Sahnecreme darauf verteilen. Darüber den blauen, lila, roten und gelben Boden stapeln und jeden Boden mit je 2 EL Creme bestreichen. Zum Schluss die Torte mit der restlichen Creme einstreichen und die Creme mit einer Palette oder einem Messer mit glatter Schneide glatt streichen. Kurz vor dem Servieren die Torte rundherum mit bunten Zuckerstreuseln bestreuen.

– VON OMA MILENA –

ZAHLENKUCHEN

Für 1 Torte (30 cm, 12 Stücke) • 2 Std. Zubereitung • 30 Min. Kühlen • 15 Min. Backen (pro Blech) • über Nacht Ruhen

Für den Mürbeteig
300 g Mehl (Type 405)
100 g Zucker
1 Ei (M)
200 g Butter
1 TL Lebkuchengewürz oder Zimtpulver

Für die Füllung
1 Bio-Zitrone
500 g Sahne
2 Pck. Sahnesteif
500 g Frischkäse
225 g Zucker

Für die Deko
200 g weiße oder Zartbitterkuvertüre (ca. 50 % Kakaogehalt; je nach Geschmack)
Beeren oder Obst nach Wahl
Meringuetupfen (Fertigprodukt)

Außerdem
Spritzbeutel mit kleiner Loch- und mittlerer Sterntülle (nach Belieben)

1 Die angegebenen Teigzutaten sind für je eine Zahl (30 × 20 cm) berechnet. Zunächst eine Schablone für die Zahl anfertigen, z. B. aus einem Bastelbuch oder dem Internet eine Zahl kopieren oder ausdrucken und auf festeren Karton übertragen. Für den Mürbeteig alle Zutaten glatt kneten. Den Teig zugedeckt in einer Schale 30 Min. im Kühlschrank ruhen lassen.

2 Den Backofen auf 180° vorheizen. Ein Drittel des Mürbeteiges direkt auf einem Backpapier ausrollen (lieber zu dick als zu dünn). Mithilfe der Schablone und mit einem scharfen Messer die Ziffer ausschneiden, zweimal wiederholen. Die Mürbeteigziffern im Ofen (Mitte) nacheinander in 15 Min. goldgelb backen. Herausnehmen und die Zahlen über Nacht auskühlen lassen.

3 Für die Deko die Kuvertüre grob hacken und in einer Schüssel über einem Wasserbad schmelzen lassen, dabei gelegentlich durchrühren. Die flüssige Kuvertüre in den Spritzbeutel mit kleiner Lochtülle geben (oder in einen Gefrierbeutel geben und eine kleine Spitze abschneiden). Kleine Gitter, Herzen, Sterne oder Blumen auf ein mit Backpapier ausgelegtes Backblech spritzen. Die Schokoformen ebenfalls über Nacht fest werden lassen.

4 Am nächsten Tag für die Füllung die Zitrone heiß waschen, abtrocknen und 1,5 TL Schale fein abreiben. Die Sahne mit den Quirlen des Handrührgeräts steif schlagen, dabei nach und nach das Sahnesteif einrieseln lassen. Den Frischkäse mit dem Zucker und der Zitronenschale cremig rühren, dann behutsam die geschlagene Sahne unterheben.

5 Eine Mürbeteigziffer auf eine passende Tortenplatte setzen. Die Frischkäsecreme in den Spritzbeutel mit mittlerer Sterntülle füllen und dicke Tupfen aufspritzen. Die zweite Mürbeteigziffer daraufsetzen, mit Cremetupfen bespritzen, die dritte Mürbeteigziffer auflegen und ebenso mit Cremetupfen garnieren. Zum Servieren die Schokoformen vorsichtig vom Backpapier lösen und in die Cremetupfen stecken. Den Zahlenkuchen mit Obst oder Beeren und Meringuetupfen dekorieren.

Gut zu wissen

Wenn man sich unsicher ist, wie viel Teigmenge man für die Zahl benötigt, lieber ein bisschen zu viel zubereiten. Den Mürbeteig kann man auch wunderbar einfrieren und beim nächsten Backen verwenden.

- VON OMA HELGA -

PIÑATA-SMARTIES-TORTE

Für 1 Torte (18 cm Ø, 10 Stücke) • 1 Std. Zubereitung • 30 Min. Backen • 1 Std. Ruhen • 2 Std. Kühlen

Für die Biskuitböden
8 Eier (M)
260 g Zucker
180 g Mehl (Type 405)
3 gestrichene TL Backpulver
180 g Speisestärke

Für die Füllung
1 Bio-Zitrone
500 g weiche Butter
100 g Puderzucker
300 g Mini-Schokolinsen (Mini-Smarties)

Außerdem
2 Springformen (à 18 cm Ø)
Spritzbeutel mit kleiner Lochtülle
1 weiße Fondantdecke (ca. 450 g; Fertigprodukt)

1 Für die Biskuitböden den Backofen auf 180° vorheizen. Die Springformböden mit Backpapier auslegen. Die Eier mit 3 EL Wasser auf höchster Stufe schaumig schlagen (mind. 10 Min.). Zucker unter Rühren langsam einstreuen und mind. 2 Min. weiterschlagen. Mehl, Backpulver und Stärke mischen und über die Eiermasse sieben. Auf niedrigster Stufe unterrühren. Den Teig auf die Springformen aufteilen und im Ofen (Mitte) ca. 30 Min. backen (Stäbchenprobe machen). Herausnehmen, die Biskuitböden auf ein mit Backpapier ausgelegtes Kuchengitter stürzen und 1 Std. auskühlen lassen.

2 Inzwischen für die Füllung die Zitrone heiß waschen, abtrocknen und 1 TL Schale fein abreiben. Die Butter hell und cremig rühren. Den Puderzucker und die Zitronenschale zugeben. 2 EL Creme zum Garnieren in den Spritzbeutel geben und kalt stellen. Das Backpapier von den Biskuitböden abziehen und die beiden Böden jeweils einmal waagerecht halbieren. Aus zwei der vier Böden in der Mitte ein Loch mit 9 cm Ø ausstechen.

3 Einen Boden ohne Loch auf eine Tortenplatte legen. 2 EL Creme darauf verstreichen. Darauf einen Boden mit Loch legen, darauf wieder 2 EL Creme verstreichen. Ebenso mit dem zweiten Boden mit Loch verfahren. Den Lochinnenrand mit einer schmalen Kuchenpalette oder einem Messer glatt mit Creme ausstreichen. Das Loch randvoll mit 200 g Mini-Schokolinsen füllen. Den zweiten Boden ohne Loch daraufsetzen. Die gesamte Torte mit der restlichen Creme rundherum einstreichen und 2 Std. kühl stellen.

4 Zum Garnieren die Fondantdecke mit einem Nudelholz zu einem Kreis mit 36 cm Ø ausrollen. Mittig auf die Torte legen und vorsichtig die Folie abziehen. Die Fondantdecke an der Oberseite der Torte andrücken, glatt ziehen und die überstehenden Reste abschneiden. Die kalt gestellte Creme als kleine Tupfen auf die Torte spritzen und je 1 Mini-Schokolinse aufkleben.

Tipp
Die Piñata-Smarties-Torte ist ideal für Kinderfeste und Geburtstage. Die Biskuitböden lassen sich perfekt auch schon am Vortag zubereiten.

San Dieg
Del M
kuchentratsch
kuchentratsch

– VON OMA EVA-MARIA –

VEGANE HEIDELBEER-MUFFINS

Für 12 Stück • 30 Min. Zubereitung • 15 Min. Ruhen • 30 Min. Backen

100 ml neutrales Pflanzenöl (z.B. Rapsöl)
3 ½ EL Agavendicksaft
300 ml Sojadrink
125 g Zucker
1 TL Vanillezucker
125 g Buchweizenmehl
125 g Speisestärke
75 g gemahlene Mandeln
1 TL Backpulver
Salz
½ TL Zimtpulver
150 g Heidelbeeren
Puderzucker zum Bestäuben (nach Belieben)

Außerdem
1 Muffinblech
12 Papier-Muffinförmchen

1 Das Öl mit dem Agavendicksaft und dem Sojadrink in einer Schüssel mischen. Den Zucker und den Vanillezucker dazugeben und unterrühren. Den Backofen auf 175° vorheizen. Das Buchweizenmehl mit der Stärke, den Mandeln, dem Backpulver, 1 Prise Salz und dem Zimt vermengen und zur Ölmischung geben, alles gut verrühren, bis sich die Zutaten gerade so vermischt haben. Den Teig zugedeckt etwa 15 Min. ruhen lassen.

2 Inzwischen die Heidelbeeren verlesen, waschen und mit Küchenpapier gut trocken tupfen. Die Heidelbeeren vorsichtig unter den Teig heben. Das Muffinblech mit den Papierförmchen auslegen. Den Teig gleichmäßig auf die Förmchen verteilen, sodass diese zu etwa zwei Dritteln gefüllt sind. Die Muffins im Ofen (Mitte) 30 Min. backen (Stäbchenprobe machen). Aus dem Ofen nehmen, die Förmchen aus dem Muffinblech heben, die Muffins auskühlen lassen und nach Belieben mit Puderzucker bestäuben.

Gut zu wissen
Wenn Heidelbeeren gerade keine Saison haben, greife ich zu Tiefkühlware. Ich lasse die Beeren nur kurz antauen und hebe sie dann unter den Teig. Die Backzeit für die Muffins verlängert sich dann auf 40 Min.

– VON OMA KATE –

CHEESECAKE-CUPCAKES MIT KARAMELLSAUCE

Für 24 Stück • 45 Min. Zubereitung • 15 Min. Backen

Für die Cupcakes
200 g (Vollkorn-)Butterkekse
60 g Butter
1 Prise Zimtpulver
Salz
600 g Frischkäse
4 Eier (M)
400 g gezuckerte Kondensmilch

Für die Karamellsauce
200 g Zucker
80 g Butter
120 g Sahne
Salz

Außerdem
24 standfeste Muffinförmchen aus Papier

1 Die Kekse in einen Gefrierbeutel geben, den Beutel gut verschließen und die Kekse mit dem Nudelholz oder Fleischklopfer zerbröseln. Die Butter schmelzen. Die Keksbrösel mit der flüssigen Butter, Zimt und 1 Prise Salz vermengen und gleichmäßig auf die Muffinförmchen verteilen. Die Masse gut festdrücken – das geht am besten mit dem Boden eines Wasserglases – und die Förmchen kühl stellen. Den Backofen auf 180° vorheizen.

2 Inzwischen den Frischkäse mit den Eiern gut verrühren. Die Kondensmilch hinzufügen und 2–3 Min. weiterrühren. Die Frischkäsemasse auf die Muffinförmchen verteilen und die Cupcakes im Ofen (Mitte) 15 Min. backen. Dann herausnehmen und abkühlen lassen.

3 Für die Karamellsauce den Zucker in einer großen Pfanne mit dickem Boden oder in einem Edelstahltopf ohne Rühren zum Schmelzen bringen. Ab und zu die Pfanne oder den Topf dabei schwenken. Den Karamell in 10–15 Min. gleichmäßig goldbraun werden lassen. Achtung, er darf auf keinen Fall zu dunkel werden, sonst schmeckt er bitter.

4 Anschließend die Butter unter den Karamell rühren. Die Pfanne vom Herd nehmen und unter Rühren die Sahne zum Karamell geben. Die Sauce glatt rühren und mit 1 Prise Salz abschmecken. Jeden Cupcake zum Servieren mit einem Klecks Karamellsauce garnieren.

Tipp
Bleibt Karamellsauce übrig, kann man sie in einem Schraubverschlussglas ein paar Wochen im Kühlschrank aufbewahren. Vor dem Servieren die Sauce in einem Wasserbad kurz aufwärmen, damit sie wieder schön flüssig wird.

– VON OMA IRENE –

RHABARBER-CUPCAKES MIT BAISER-HAUBE

Für 12 Stück • 1 Std. Zubereitung • 30 Min. Backen

Für das Rhabarberkompott
1 Vanilleschote
500 g Rhabarber
70 g Zucker

Für den Teig und das Baiser
250 g Mehl (Type 405)
2 TL Backpulver
4 Eier (M)
125 g Zucker
Salz
75 ml neutrales Pflanzenöl (z. B. Sonnenblumenöl)
50 g gemahlene Mandeln
100 ml Milch
1 Pck. Vanillezucker

Für die Creme
500 g Frischkäse
75 g Zucker
3 EL Puderzucker
1 Pck. Vanillezucker

Außerdem
1 Muffinblech
12 Papier-Muffinförmchen
Spritzbeutel mit großer Sterntülle und mittlerer Lochtülle

1 Den Backofen auf 175° (Umluft: 155°) vorheizen. Das Muffinblech mit den Papierförmchen auslegen. Für das Kompott die Vanilleschote aufschlitzen und das Mark herauskratzen. Den Rhabarber waschen, putzen und in 3–4 cm lange Stücke schneiden. In einem Topf mit dem Vanillemark und dem Zucker 5–6 Min. köcheln lassen, der Rhabarber soll noch Biss haben. Das Kompott zum Auskühlen beiseitestellen.

2 Für den Teig das Mehl mit dem Backpulver mischen. Die Eier trennen. Die Eiweiße für das Baiser beiseitestellen. Die Eigelbe verquirlen und mit dem Zucker, 1 Prise Salz, dem Öl, den Mandeln und der Milch verrühren. Dann den Mehl-Mix unterrühren. Das Muffinblech mit den Papierförmchen auslegen. Den Teig auf die Papierförmchen verteilen, sodass diese zu etwa zwei Dritteln gefüllt sind. Die Muffins im Ofen (Mitte) in 20–22 Min. goldgelb backen (Stäbchenprobe machen).

3 Inzwischen für das Baiser die Eiweiße mit den Quirlen des Handrührgeräts steif schlagen, dabei den Vanillezucker einrieseln lassen. Die Baiser-Masse in den Spritzbeutel mit großer Sterntülle füllen und als Rosetten auf die Muffins spritzen. Die Muffins im Ofen etwa 8 Min. weiterbacken, bis die Häubchen an den Spitzen leicht gebräunt sind, dann das Blech sofort herausnehmen, auf ein Kuchengitter setzen und alles auskühlen lassen. Den Spritzbeutel reinigen.

4 Für die Creme den Frischkäse, Zucker, Puderzucker und Vanillezucker glatt rühren. Die Creme in den Spritzbeutel mit mittlerer Lochtülle füllen. Die abgekühlten Cupcakes waagerecht halbieren. Die Creme auf die Böden spritzen. Rhabarberkompott darauf verteilen und die Cupcake-Decke auflegen.

Vorratstipp
Die Cupcakes lassen sich auch gut auf Vorrat backen und tiefkühlen. Allerdings sollten sie stets ohne die Baiser-Haube eingefroren werden.

– VON OMA HEIDI –

EARL-GREY-MINI-GUGEL MIT LAVENDEL

Für 14 Stück • 40 Min. Zubereitung • 30 Min. Backen

Für den Teig

4 TL Earl-Grey-Teeblätter
1 TL getrocknete Lavendelblüten (Kräuterladen)
100 g Buchweizenmehl
115 g Mehl (Type 405)
½ TL Backpulver
Salz
215 g weiche Butter
200 g Zucker
1 Pck. Vanillezucker
1 EL Honig
3 Eier (L)
65 g saure Sahne

Für die Limetten-Ganache

3 Bio-Limetten
300 g weiße Schokolade
125 g Sahne

Außerdem

14 Mini-Gugel-Silikonförmchen (à ca. 6 cm Ø)
Öl für die Förmchen

1 Den Backofen auf 180° vorheizen. Die Mini-Gugel-Silikonförmchen dünn mit Öl ausstreichen. Für den Teig die Earl-Grey-Teeblätter und Lavendelblüten in einer elektrischen Kaffeemühle oder im Mörser zu Pulver zerkleinern. Die beiden Mehle in eine Schüssel sieben und mit dem Earl-Grey-Lavendel-Pulver, dem Backpulver und 1 Prise Salz vermischen.

2 Die Butter mit dem Zucker, Vanillezucker und Honig mit den Quirlen des Handrührgeräts zu einer hellen, schaumigen Masse schlagen. Nach und nach die Eier dazugeben und jedes Ei gut einarbeiten, bevor das nächste zugegeben wird. Anschließend die saure Sahne hinzufügen und unterrühren. Die Mehlmischung nach und nach zugeben und ebenfalls unterrühren.

3 Den Teig in die Gugelhupfförmchen füllen und im Ofen (Mitte) 20–30 Min. backen (Stäbchenprobe machen). Herausnehmen, auf ein Kuchengitter stürzen, die Gugelhupfe aus den Förmchen lösen und auskühlen lassen.

4 Für die Ganache die Limetten heiß waschen, abtrocknen und die Schale fein abreiben. Die Früchte halbieren, auspressen und 50 ml Saft abmessen. Die Schokolade fein hacken und in eine hitzebeständige Schüssel geben. Die Sahne aufkochen, über die Schokolade gießen und rühren, bis die Schokolade geschmolzen und die Masse homogen ist. Den Limettensaft und die -schale dazugeben und unterrühren. Die Mini-Gugel mit der Ganache überziehen und die Glasur vor dem Servieren gut trocknen lassen.

Vorratstipp

Ich friere mir gern ein paar Mini-Gugel ohne Glasur ein. Falls ich spontan etwas zum Naschen anbieten will, sind sie schnell aufgetaut.

– VON OMA BARBARA –

FRANKFURTER-KRANZ-MINI-GUGEL

Für 16 Stück • 1 Std. 20 Min. Zubereitung • 25 Min. Backen • mind. 2 Std. Kühlen

Für den Teig

1 Vanilleschote
½ Bio-Zitrone
250 g Zucker
Salz
250 g weiche Butter
6 Eier (M)
250 g Mehl (Type 405)
50 g Speisestärke
1 Pck. Backpulver

Für die Füllung

1 Vanilleschote
750 ml Milch
2 Pck. Bourbon-Vanillepuddingpulver
100 g Zucker
300 g weiche Butter
8 EL Johannisbeerkonfitüre (ersatzweise Preiselbeer- oder Sauerkirschkonfitüre)

Außerdem

16 Mini-Gugel-Silikonförmchen (à 6 cm Ø)
Fett und Mehl für die Förmchen
Krokant (Fertigprodukt)
16 Belegkirschen
Spritzbeutel mit mittlerer Sterntülle

1 Den Backofen auf 180° vorheizen. Die Förmchen einfetten und dünn mit Mehl ausstäuben. Für den Teig die Vanilleschote aufschlitzen und das Mark herauskratzen. Die Zitrone heiß waschen, abtrocknen und ½ TL Schale fein abreiben. Zucker, Vanillemark, 1 Prise Salz und Zitronenschale mischen. Die Butter cremig schlagen, dabei die Zuckermischung einrieseln lassen. Die Eier einzeln unterrühren. Das Mehl mit Speisestärke und Backpulver mischen, über die Butter-Eier-Masse sieben und unterrühren.

2 Den Teig gleichmäßig in die vorbereiteten Förmchen füllen und glatt streichen. Im Ofen (Mitte) 25 Min. backen (Stäbchenprobe machen). Herausnehmen und 10 Min. in den Förmchen ruhen lassen. Dann vorsichtig auf ein Kuchengitter stürzen und die Gugel auskühlen lassen.

3 Für die Buttercreme die Vanilleschote aufschlitzen, das Mark herauskratzen. 10 EL Milch mit dem Puddingpulver glatt rühren. Die restliche Milch mit Zucker und Vanillemark in einem Topf aufkochen, das angerührte Puddingpulver einrühren und noch einmal aufwallen lassen. Pudding in eine Schüssel füllen, mit Frischhaltefolie abdecken und auskühlen lassen.

4 Die Butter cremig weiß aufschlagen, den Pudding esslöffelweise unterschlagen. Ein Viertel der Creme in den Spritzbeutel geben und zum Garnieren beiseitelegen. Die ausgekühlten Gugel einmal waagerecht durchschneiden. Die unteren Hälften mit Konfitüre bestreichen. Zwei Drittel der übrigen Buttercreme darauf verteilen und die oberen Gugel-Hälften daraufsetzen.

5 Die Mini-Gugel rundherum mit dem restlichen Creme bestreichen und außen und innen mit Krokant bestreuen. Jeden Mini-Gugel mit 1 Cremetupfen aus dem Spritzbeutel und einem Belegkirsche garnieren. Die Gugel vor dem Servieren mind. 2 Std., am besten aber über Nacht, kalt stellen.

Tipp

Die Krokantstreusel in eine Schüssel geben. Eine Zitrone halbieren, die Zitronenhälfte in die Streusel tauchen und damit den Kuchen betupfen.

– VON OMA MILENA –

HIMBEERMACARONS

Für 24 Stück • 1 Std. Zubereitung • 1 Std. 10 Min. Ruhen • 12 Min. Backen

Für die Macarons
80 g Puderzucker
80 g geschälte gemahlene Mandeln
70 g zimmerwarmes Eiweiß
1 TL Himbeersirup
90 g Puderzucker
½ TL rote Lebensmittelfarbe (Pulver)

Für die Füllung
150 g Zartbitterkuvertüre (ca. 50 % Kakaogehalt)
100 g Himbeergelee
1–2 EL Sahne

Außerdem
Spritzbeutel mit mittlerer und kleiner Lochtülle

1 Auf ein Stück Backpapier mit einigem Abstand 48 Kreise mit jeweils 2,5 cm Ø aufzeichnen. Das Backpapier umdrehen und auf das Backblech legen. Für die Macarons den Puderzucker mit den Mandeln mischen und im Mixer zu sehr feinem Mehl mahlen. Einmal sieben und die größeren Teilchen erneut fein mahlen.

2 Das Eiweiß mit dem Himbeersirup auf höchster Stufe sehr gründlich aufschlagen. Dabei nach und nach den Puderzucker einrieseln lassen und das Eiweiß zu glänzendem Eischnee schlagen. Die Masse ist dann fertig, wenn der Eischnee am Schneebesen beim Herausziehen feste Spitzen bildet.

3 Die Lebensmittelfarbe mit einem Schneebesen unter den Eischnee heben, er soll ein kräftiges Rot bekommen. Die Hälfte der Mandelmischung mit dem Schneebesen vorsichtig in die Eischneemasse einarbeiten. Ein weiteres Viertel unterheben und erst dann den Rest der Mandelmischung hinzugeben und alles zu einer homogenen Masse vermengen.

4 Die Masse in den Spritzbeutel mit mittlerer Lochtülle geben und die vorgezeichneten Kreise auf dem Backpapier damit ausfüllen: Es sollen keine Spitzen herausstechen und die Taler sollen eine glatte Oberfläche haben. Damit sich die Masse setzen kann, das Blech nach dem Aufspritzen sanft rütteln. Die Macarons ohne Zugluft 40 Min. antrocknen lassen.

5 Den Backofen rechtzeitig auf 125° (Umluft!) vorheizen. Die angetrockneten Macarons im Ofen (Mitte) 12 Min. backen. Anschließend den Ofen ausschalten, die Tür mithilfe eines Holzkochlöffels einen Spaltweit offen halten und die Macarons im Ofen noch weitere 30 Min. ruhen lassen. Erst danach aus dem Ofen nehmen und vollständig auskühlen lassen.

6 Für die Füllung die Kuvertüre klein hacken. Mit dem Gelee und der Sahne in einem Topf bei kleiner Hitze zu einer glatten Creme rühren, dann abkühlen lassen. Die Füllung in den Spritzbeutel mit kleiner Lochtülle geben und auf die flache Seite von 24 Macarons geben. Mit den übrigen 24 Macarons abdecken. Die gefüllten Macarons sollten innerhalb von 2 Tagen verzehrt werden.

Gut zu wissen

Macarons sind nicht ganz einfach zu machen und ich habe ein bisschen Übung gebraucht, bis sie richtig gut geworden sind. Aber die Mühe lohnt sich total. Sie gelingen besser mit der Umluftfunktion des Backofens.

– VON OMA MARGIT –

CHAI-LATTE-PRALINEN

Für 32 Stück • 30 Min. Zubereitung • mind. 8 Std. Kühlen

250 g Zartbitterkuvertüre (ca. 50 % Kakaogehalt)
125 g Sahne
100 g Walnusskerne
1 Msp. gemahlene Vanille
1 TL (5 g) Chai-Latte-Gewürz
1 ½ EL Kirschwasser
ca. 15 g ungesüßtes Kakaopulver

Außerdem
Papier-Pralinenförmchen

1 Die Kuvertüre mit einem Messer grob hacken. Mit der Sahne in einen Topf geben und unter Rühren kurz aufkochen, sodass die Schokolade geschmolzen und die Masse homogen ist. Die Walnüsse fein hacken. Vanille, Chai-Latte-Gewürz, Kirschwasser und gehackte Walnüsse zur Sahne-Schoko-Mischung geben und alles cremig miteinander verrühren.

2 Eine flache Auflaufform mit Backpapier auslegen. Die Pralinenmasse hineinfüllen, glatt streichen und zugedeckt mind. 8 Std., besser über Nacht, in den Kühlschrank stellen, damit sie fest wird.

3 Das Kakaopulver in einer kleinen Schlüssel bereitstellen. Mit einem Teelöffel 32 Portionen von der gekühlten Masse abstechen und rasch mit den Händen zu Kugeln formen. Dann im Kakao wälzen, bis sie gleichmäßig davon bedeckt sind. Die Chai-Latte-Pralinen in die Pralinenförmchen setzen, nach Wunsch verpacken und kühl aufbewahren.

Tipp
Die Chai-Latte-Pralinen sind ideal bei Überraschungsbesuch, da man sie perfekt vorbereiten und lange im Kühlschrank lagern kann.

– VON OMA REGINA –

COOKIES

Für 30 Stück • 50 Min. Zubereitung • 1 Std. Kühlen • 10 Min. Backen (pro Blech)

Für den Teig
1 Bio-Zitrone
1 Ei (M)
60 g weiche Butter
125 g Puderzucker
250 g Mehl (Type 405)

Für den Guss
200 g Puderzucker
rote Lebensmittelfarbe (Farbton nach Belieben)

Außerdem
Mehl zum Arbeiten
Ausstechformen (Herz, Stern, Hase, Nikolaus etc.)
Spritzbeutel mit sehr kleiner Lochtülle

1 Die Zitrone heiß waschen, abtrocknen, die Schale fein abreiben und 1 TL Saft auspressen. Das Ei trennen. Das Eiweiß und den Zitronensaft für den Guss beiseitestellen. Die Butter mit dem Puderzucker cremig rühren. Dann die Zitronenschale und das Ei unterrühren. Das Mehl darübersieben und unterkneten. Den Teig zur Kugel formen und abgedeckt 1 Std. kalt stellen.

2 Das Backblech mit Backpapier auslegen und den Backofen auf 180° vorheizen. Den Teig auf einer leicht bemehlten Arbeitsfläche 4 mm dünn ausrollen. Die gewünschten Motive ausstechen. Die Cookies auf das Backpapier setzen und im Ofen (Mitte) in 7–10 Min. goldgelb backen. Die Cookies aus dem Ofen nehmen und auskühlen lassen.

3 Für den Guss das Eiweiß kurz mit einer Gabel verquirlen, den Puderzucker sieben und beides mit dem Zitronensaft glatt rühren. Nach Belieben mit Lebensmittelfarbe z. B. rosarot einfärben. Den Guss in den Spritzbeutel füllen (oder in einen Gefrierbeutel geben und eine kleine Ecke abschneiden) und dekorative Muster auf die Cookies spritzen. Sehr gut trocknen lassen. Die Cookies zum Aufbewahren in einer Blechdose oder in einem luftdichten Plastikbehälter verschließen, so sie halten ca. 10 Wochen.

Tipp
Zum Verschenken die Cookies einfach in kleine Cellophantütchen packen, mit einer hübschen Schleife versehen – und Freude bringen!

San Diego
levi's

TRUSHAL
TRUSHAL

REGISTER

Damit Sie Rezepte mit bestimmten Zutaten schneller finden, sind in diesem Register beliebte Zutaten wie **Apfel** oder **Schokolade** alphabetisch eingeordnet und hervorgehoben.

APPETIT AUF MEHR?

ISBN 978-3-8338-2009-0

ISBN 978-3-8338-7317-1

ISBN 978-3-8338-6621-0

ISBN 978-3-8338-7074-3

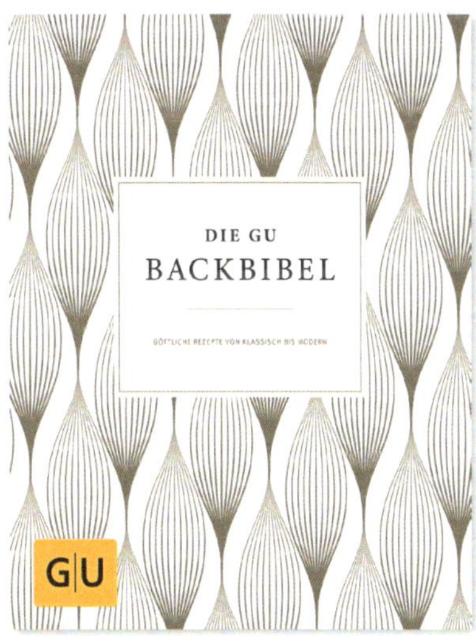

ISBN 978-3-8338-5719-5

ISBN 978-3-8338-6699-9

e Auch als eBook erhältlich.

GU

Mehr von GU auf **www.gu.de** und **facebook.com/gu.verlag**

IMPRESSUM

Projektleitung: Linh Nguyen (GU), Theresa Offenbeck (Kuchentratsch)
Lektorat: Bärbel Schermer
Korrektorat: Jutta Friedrich
Innen- und Umschlaggestaltung: independent Medien-Design, Horst Moser, München
Herstellung: Renate Hutt
Satz: Christopher Hammond
Reproduktion: Longo AG, Bozen
Druck: Firmengruppe APPL, aprinta druck, Wemding
Bindung: Conzella, Pfarrkirchen
Syndication: www.seasons.agency
Printed in Germany

1. Auflage 2019
ISBN 978-3-8338-7222-8

Umwelthinweis:
Dieses Buch ist auf PEFC-zertifiziertem Papier aus nachhaltiger Waldwirtschaft gedruckt.

GRÄFE UND UNZER

Ein Unternehmen der
GANSKE VERLAGSGRUPPE

Der Rezeptfotograf

Mathias Neubauer ist einer der führenden Foodfotografen Deutschlands. Er arbeitet für verschiedene namhafte Buchverlage und Magazine. Süßes Backwerk aller Art ist seine große Leidenschaft. Zusammen mit der Konditormeisterin **Mareike Hill** (Foodstyling) hat er sein Studio in eine Omabackstube verwandelt und die wunderbaren Omakuchen gekonnt in Szene gesetzt.

Der Peoplefotograf

Klaus-Maria Einwanger, BFF-Fotograf (www.kme-studios.com/blog/klaus-einwanger/) und Gründer von KME Studios, ist mit seiner Kamera immer nah dran und authentisch. Mit Unterstützung von **David Gottwald** (Assistenz) hat er viele schöne Momente der Omas in der Kuchentratsch-Backstube eingefangen.

Der Illustrator

Jan Steins (www.jansteins.de) glaubt, dass Illustration ein spannenderes Feld ist, als viele vermuten. Und sie kann Vermittlerin zwischen den Welten sein. Für die lebendigen Porträts der Omas hat er verschiedene Techniken ausprobiert, um den besten passenden Stil herauszufinden.

Bildnachweis

Mathias Neubauer: Cover, Kapitelaufmacher & alle Rezeptfotos
Klaus-Maria Einwanger: alle Step- und Peoplefotos
Jan Steins: alle Illustrationen

Titelrezept

Marmorkuchen, S. 60

QUALITÄTS G|U GARANTIE

Liebe Leserin, lieber Leser,

haben wir Ihre Erwartungen erfüllt? Sind Sie mit diesem Buch zufrieden? Haben Sie weitere Fragen zu diesem Thema? Wir freuen uns auf Ihre Rückmeldung, auf Lob, Kritik und Anregungen, damit wir für Sie immer besser werden können.

GRÄFE UND UNZER Verlag
Leserservice
Postfach 86 03 13
81630 München
E-Mail:
leserservice@graefe-und-unzer.de

Telefon: 00800 / 72 37 33 33*
Telefax: 00800 / 50 12 05 44*
Mo–Do: 9.00 – 17.00 Uhr
Fr: 9.00 – 16.00 Uhr
(gebührenfrei in D, A, CH)*

Ihr GRÄFE UND UNZER Verlag
Der erste Ratgeberverlag – seit 1722.

www.facebook.com/gu.verlag

Backofenhinweis:
Die Backzeiten können je nach Herd variieren. Die Temperaturangaben in unseren Rezepten (wenn nicht anders angegeben) beziehen sich auf das Backen im Elektroherd mit Ober- und Unterhitze und können bei Gasherden oder Backen mit Umluft abweichen. Details entnehmen Sie bitte Ihrer Gebrauchsanweisung.

Rosemarie

Paula

Irmgard

Inge

Mona

Barbara

Günter

Kate

Renate

Anni

Angelika

Anna